Diemut Kucharz · Katja Mackowiak · Christine Beckerle
Alltagsintegrierte Sprachförderung

Diemut Kucharz · Katja Mackowiak · Christine Beckerle

Alltagsintegrierte Sprachförderung

Ein Konzept zur Weiterqualifizierung
in Kita und Grundschule

Unter Mitarbeit von Werner Knapp

Diemut Kucharz ist Professorin für Grundschulpädagogik und Sachunterricht am Institut für Pädagogik der Primar- und Elementarstufe der Goethe-Universität Frankfurt am Main.

Katja Mackowiak ist Professorin für Sonderpädagogische Psychologie am Institut für Sonderpädagogik der Leibniz Universität Hannover.

Christine Beckerle ist wissenschaftliche Mitarbeiterin am Institut für Sonderpädagogik der Leibniz Universität Hannover, Promotionsvorhaben im Bereich Sprachförderung.

Weitere Übungen und Diskussionen finden Sie
als Download unter www.beltz.de direkt beim Buch.

Das Werk einschließlich aller seiner Teile ist urheberrechtlich geschützt.
Jede Verwertung ist ohne Zustimmung des Verlags unzulässig.
Das gilt insbesondere für Vervielfältigungen, Übersetzungen, Mikroverfilmungen
und die Einspeicherung und Verarbeitung in elektronische Systeme.
Die Verlagsgruppe Beltz behält sich die Nutzung ihrer Inhalte für Text und
Data Mining im Sinne von § 44b UrhG ausdrücklich vor.

Dieses Buch ist erhältlich als:
ISBN 978-3-407-62900-5 Print
ISBN 978-3-407-29381-7 E-Book (PDF)

© 2015 Verlagsgruppe Beltz
Werderstraße 10, 69469 Weinheim
service@beltz.de
Alle Rechte vorbehalten

Lektorat: Dr. Cornelia Klein
Satz: text plus form, Dresden
Herstellung: Lore Amann
Reihengestaltung: glas ag, Seeheim-Jugenheim
Umschlaggestaltung: Sarah Veith
Umschlagabbildung: iStock
Druck und Bindung: Beltz Grafische Betriebe, Bad Langensalza
Beltz Grafische Betriebe ist ein Unternehmen mit finanziellem Klimabeitrag (ID 15985-2104-1001).
Printed in Germany

Weitere Informationen zu unseren Autor:innen und Titeln finden Sie unter: www.beltz.de

Inhalt

1. **Einleitung** — 8
   1.1 Intention und Zielgruppe des Buches — 8
   1.2 Relevanz des Themas — 8
   1.3 Aufbau und Handhabung des Buches — 10

Grundlagen des Sprachförderkonzepts — 12

2. **Das Fellbach-Konzept und seine Evaluation** — 13
   2.1 Projektidee — 13
   2.2 Sprachförderkonzept — 13
   2.3 Weiterqualifizierungskonzept — 14
   2.4 Evaluation des Fellbach-Konzepts — 17
   2.4.1 Zielgruppe — 17
   2.4.2 Eingesetzte Methoden — 18
   2.4.3 Zentrale Ergebnisse — 20

Bausteine der Weiterqualifizierung — 26

3. **Fortbildungen: Einleitung** — 27

4. **Grundlagen der Sprachentwicklung: Erstspracherwerb** — 29
   4.1 Relevanz des Fortbildungsthemas — 29
   4.2 Ebenen und Meilensteine der Sprachentwicklung — 30
   4.2.1 Wahrnehmung und Artikulation von Lauten (Phonologie und Prosodie) — 31
   4.2.2 Wörter und ihre Bedeutung (Lexik und Semantik) — 32
   4.2.3 Grammatikerwerb auf Wort- und Satzebene (Morphologie und Syntax) — 34
   4.2.4 Entwicklung der Interaktion und Kommunikation (Pragmatik) — 36
   4.2.5 Analyse sprachlicher Strukturen (metasprachliche Kompetenz) — 37
   4.3 Wie funktioniert der Spracherwerb? — 40
   4.3.1 Spracherwerbstheorien — 40

5. Grundlagen der Sprachentwicklung: Zweitspracherwerb (Werner Knapp) — 44
- 5.1 Relevanz des Fortbildungsthemas — 44
- 5.2 Was versteht man unter Zweitspracherwerb? — 45
- 5.3 Einflussfaktoren auf den Zweitspracherwerb — 47
- 5.4 Erwerbsbedingungen beim Zweitspracherwerb — 49
- 5.5 Ebenen und Stufen des Zweitspracherwerbs — 50
- 5.6 Verdeckte Sprachschwierigkeiten — 51
- 5.7 Erziehung zur Mehrsprachigkeit — 52

6. Sprachdiagnostik — 54
- 6.1 Relevanz des Fortbildungsthemas — 54
- 6.2 Definition und Ziele der Sprachdiagnostik — 55
- 6.3 Diagnostische Methoden und erforderliche Kompetenzen — 57
- 6.3.1 Befragung — 57
- 6.3.2 Beobachtung — 58
- 6.3.3 Testung — 58
- 6.3.4 Sprachdiagnostische Kompetenzen — 60
- 6.4 Beispiele für diagnostische Verfahren in Kindergarten und Grundschule — 61
- 6.4.1 Beispiele für Elternfragebögen — 62
- 6.4.2 Beispiele für Beobachtungsbögen — 63
- 6.4.3 Sprachprobe als informelle Form der Beobachtung — 67
- 6.4.4 Beispiele für Tests (inkl. Screening) — 69
- 6.5 Zusammenfassung und Fazit — 74

7. Sprachförderplanung — 77
- 7.1 Relevanz des Fortbildungsthemas — 77
- 7.2 Der Ablauf der Sprachförderplanung — 78
- 7.3 Erstellen eines Sprachförderplans — 83
- 7.4 Von der standardisierten Diagnostik zur Förderplanung — 86

8. Alltagsintegrierte Sprachförderung — 93
- 8.1 Relevanz des Fortbildungsthemas — 93
- 8.2 Was ist alltagsintegrierte Sprachförderung? — 94
- 8.3 Für Sprachförderung geeignete Alltagssituationen — 97
- 8.4 Prinzipien alltagsintegrierter Sprachförderung — 98
- 8.4.1 Sprachvorbild — 98
- 8.4.2 Sprachförderliche Alltagsgestaltung — 99

8.5	Sprachfördertechniken: Korrektives Feedback, Modellierungs- und Stimulierungstechniken	101
8.5.1	Korrektives Feedback	102
8.5.2	Modellierungstechniken	103
8.5.3	Stimulierungstechniken	106
8.6	Erfahrungen	108

9. Zusammenarbeit mit Eltern — 111

9.1	Relevanz des Fortbildungsthemas	111
9.2	Ziele und Inhalte der Zusammenarbeit	112
9.2.1	Informieren und Austausch	112
9.2.2	Sensibilisierung	114
9.2.3	Gemeinsame Unterstützung	115
9.3	Formen der Zusammenarbeit	116
9.3.1	Formen der Zusammenarbeit im Bereich »Informieren und Austausch«	117
9.3.2	Formen der Zusammenarbeit im Bereich »Sensibilisierung«	118
9.3.3	Formen der Zusammenarbeit im Bereich »gemeinsame Unterstützung«	119
9.4	Schwierigkeiten in der Zusammenarbeit	120

10. Coaching — 122

10.1	Relevanz des Themas	122
10.2	Ablauf des Coachings	123
10.3	Thematische Schwerpunkte des Coachings	127
10.4	Zeitlicher und organisatorischer Rahmen	128
10.5	Atmosphäre und Gesprächsklima	128

Literatur	131
Überblick zum Download-Bereich	139

1. Einleitung

1.1 Intention und Zielgruppe des Buches

In diesem Buch wird ein Weiterqualifizierungskonzept vorgestellt, das wir für die Stadt Fellbach entwickelt, erprobt und evaluiert haben (Kucharz/Mackowiak 2010, 2011). Es enthält theoretische Grundlagen sowie Materialien, Übungen und Hinweise zur Durchführung von Weiterqualifizierungen von Erzieher/innen und Grundschullehrer/innen zur alltagsintegrierten Sprachförderung. Mit diesem Buch können also Weiterqualifizierungen gestaltet werden, um pädagogische Fachkräfte im Elementar- und Primarbereich zu diesem Thema zu schulen und bei der Umsetzung zu begleiten. Wir haben dieses Buch geschrieben, weil wir im Rahmen zahlreicher Fortbildungen und Vorträge immer wieder dazu ermuntert wurden, das »Fellbach-Konzept« inklusive aller Materialien auch anderen zugänglich zu machen. Auf diese Weise können Fortbildner/innen und Multiplikator/innen andere Pädagog/innen in alltagsintegrierter Sprachförderung weiterqualifizieren. Das Buch ist aber auch zum Selbststudium von Pädagog/innen gedacht und dient dazu, das eigene Wissen über alltagsintegrierte Sprachförderung zu erweitern.

Es richtet sich folglich an Personen, die sich in der pädagogischen Praxis mit dem Thema »Sprachförderung« beschäftigen. Insbesondere werden Pädagog/innen des Elementar- und Primarbereichs (Erzieher/innen, Kindheitspädagog/innen, Grundschullehrer/innen, Sonderpädagog/innen, Fachberatungen, Sprachförderkräfte, Fortbildner/innen etc.) angesprochen, die in ihrer Kindertageseinrichtung bzw. Grundschule Sprachförderung gestalten oder die in diesem Bereich Weiterqualifizierungen anbieten (möchten).

1.2 Relevanz des Themas

Warum sind professionelle Weiterqualifizierungen in alltagsintegrierter Sprachförderung ein zentrales Anliegen? Gute sprachliche Kompetenzen stellen für Kinder eine wesentliche Voraussetzung für einen erfolgreichen Bildungsweg dar (z. B. Holler 2007). Aktuelle Untersuchungen belegen, dass viele Kinder keine ausreichenden deutschen Sprachkenntnisse beim Übergang vom Kindergarten in die Grundschule besitzen, was insbesondere auf Kinder aus sozial benachteiligten Familien oder aus Familien mit Migrationshintergrund zutrifft (z. B. Berger/Holler-

Zittlau/Dux 2004; Becker/Biedinger 2006; Dubowy/Ebert/von Maurice/Weinert 2008).

Als Reaktion auf diese Ergebnisse wurden bereits 2001 in der »Kultusministerkonferenz« (KMK) Maßnahmen zur Verbesserung der Sprachkompetenz sowie zur wirksamen Förderung bildungsbenachteiligter Kinder im Vorschulalter gefordert (KMK 2001). In der Folge wurde in den letzten Jahren eine Vielfalt an Konzepten, Programmen und Materialien zur Sprachförderung in (vor-)schulischen Institutionen entwickelt. In der Praxis werden diese Maßnahmen gerne eingesetzt, allerdings ist ihre Wirksamkeit in vielen Fällen nicht gesichert bzw. sehr begrenzt (z. B. Gasteiger-Klicpera/Knapp/Kucharz 2010; Redder et al. 2010a, Redder et al. 2010b; Roos/Polotzek/Schöler 2010; Lisker 2011; Roux/Kammermeyer 2011; Gretsch/Fröhlich-Gildhoff 2012; Kiziak/Kreuter/Klingholz 2012). Daher werden in Wissenschaft und Bildungspolitik zunehmend theoretisch fundierte und positiv evaluierte Sprachfördermaßnahmen gefordert (z. B. Expertise »Bildung durch Sprache und Schrift [BiSS]« von Schneider et al. 2012).

In der Fachdiskussion wird zwischen verschiedenen Ansätzen der Sprachförderung unterschieden (Schneider et al. 2012): In der *inszenierten Sprachförderung* werden einzelne Kinder mit besonderem Förderbedarf in Kleingruppen separat durch eine Sprachförderkraft gefördert. Hierbei stehen ausgewählte Sprachbereiche bzw. -kompetenzen (z. B. Wortschatz, Grammatik) im Fokus. In Deutschland sind bislang Maßnahmen inszenierter Sprachförderung weiter verbreitet als Maßnahmen alltagsintegrierter Sprachförderung.

Alltagsintegrierte Sprachförderung (wie im hier vorgestellten Sprachförderkonzept) wird als allgemeine Aufgabe des Elementar- und Primarbereichs verstanden. Sie richtet sich an alle Kinder einer Einrichtung und zielt auf eine systematische und gezielte Anregung von Sprachentwicklungsprozessen ab. Sie findet in allen Situationen des Institutionenalltags statt und wird von allen Pädagog/innen in der Institution durchgeführt. Die pädagogischen Fachkräfte nutzen dazu vor allem Strategien zur sprachlichen Anregung, die individuell an die Bedürfnisse der Kinder und deren Sprachentwicklungsstand angepasst werden.

Befunde zur Wirksamkeit alltagsintegrierter Sprachförderung liegen bisher nur vereinzelt vor, legen aber den Schluss nahe, dass es sich um eine durchaus erfolgversprechende Art der Sprachförderung handelt (vgl. Berufsbildungswerk Leipzig für Hör- und Sprachgeschädigte gGmbH 2011; Kammermeyer/Roux/Stuck 2011; Sachse/Jooss/Simon/Buschmann 2011).

Mit Blick auf die pädagogischen Fachkräfte in Kindergarten und Grundschule zeigt die Forschung, dass die *Sprachförderkompetenzen* der Pädagog/innen entscheidend für den Erfolg der Sprachförderung von Kindern sind. Studien belegen aber, dass Pädagog/innen im Kindergarten und in der Grundschule nicht immer über ausreichende Kompetenzen verfügen, die sie zur Umsetzung einer gelingenden sprachlichen Unterstützung von Kindern brauchen (Fried 2010); diese wurden in ihrer Ausbildung oft nur begrenzt thematisiert. Deshalb werden professionelle Weiterqualifizierungen für Erzieher/innen und Grundschullehrer/innen im Bereich der Sprachförderung gefordert (vgl. z. B. Fried 2008; Tracy/Ludwig/Ofner 2010).

Das in diesem Buch vorgestellte Konzept von Kucharz und Mackowiak (2010, 2011) kommt den genannten Forderungen nach. Zum einen liegt ihm der Ansatz der alltagsintegrierten Sprachförderung zugrunde; zum anderen ist es ein Weiterqualifizierungskonzept, in welchem Erzieher/innen und Grundschullehrer/innen gemeinsam fortgebildet und gecoacht werden, um ihre Sprachförderkompetenzen auszubauen. Erste Ergebnisse weisen zudem auf die Wirksamkeit dieses Konzeptes hin (vgl. Kap. 2.4).

1.3 Aufbau und Handhabung des Buches

In Kapitel 2 wird zunächst das Sprachförderkonzept erläutert und ein kurzer Überblick über seine zentralen Elemente gegeben (Was verstehen wir unter [alltagsintegrierter] Sprachförderung, und wie sieht unsere Weiterqualifizierung aus?). Außerdem wird die Evaluationsstudie skizziert, mit der die Wirksamkeit unseres Sprachförderkonzepts, wie wir es in der Stadt Fellbach durchgeführt haben, überprüft wurde; wesentliche Ergebnisse werden vorgestellt.

Dieser Teil bietet somit wichtige Hintergrundinformationen, die sich für alle Leser/innen als Einstieg anbieten, um einen inhaltlichen Rahmen zu schaffen. Insbesondere Personen, die die Inhalte an andere Personen weitergeben wollen, sollten auch um die Evaluation und ihre Ergebnisse wissen.

In den Kapiteln 3–10 werden die beiden zentralen Bausteine der Weiterqualifizierung beschrieben: zum einen die Fortbildungen, zum anderen das Coaching.

Im *Fortbildungsteil* wird zunächst in der Einleitung ein Überblick gegeben und dann in mehreren Unterkapiteln auf die fünf Fortbildungsthemen im Detail eingegangen. Diese Fortbildungskapitel beinhalten verschiedene Formate:
- Die *Texte* liefern die inhaltliche Grundlage zu den Themen und können zur Einarbeitung in ein Fortbildungsthema sowie zum Selbststudium genutzt werden. Aufgrund des begrenzten Raumes in diesem Buch können die Themen nicht in ihrer Tiefe bearbeitet werden. Deshalb befinden sich zur Vertiefung der Inhalte Literaturtipps für zusätzliche Informationen am Ende jedes Kapitels.
- *Übungen* sowie *Diskussionen* – wenn möglich, mit Lösungsansätzen versehen – sind zur Anwendung im Rahmen von Fortbildungen gedacht. Sie können eingesetzt werden, um die Teilnehmer/innen aktiv einzubeziehen, z. B. um

Handlungsschritte zu erproben, Einstellungen zu reflektieren oder eigene Erfahrungen zu diskutieren. Auch bei der Selbstlektüre können die Übungen als Anregungen zur Erprobung und Reflexion dienen.
- Im *Download-Bereich* (Überblick s. S. 139) befinden sich alle notwendigen Unterlagen, um entsprechende Fortbildungen durchzuführen: vor allem die kompletten Foliensätze (*Microsoft Power Point*) zur Präsentation der Inhalte, aber auch Vorlagen für Übungen. Diese Materialen können von jedem/jeder Fortbildner/in entsprechend den Anforderungen und Bedürfnissen angepasst werden. Natürlich eignen sich diese Materialien auch für eine eigenständige Erarbeitung.

Im Kapitel zum *Coaching* wird zunächst auf die Funktion des Coachings eingegangen und in den weiteren Unterkapiteln die Vorgehensweise sowie Besonderheiten des Coachings beschrieben. Im Download-Bereich sind Protokollbögen zu finden, die bei der Durchführung eines Coachings übernommen oder angepasst werden können.

Grundlagen des Sprachförderkonzepts

2.	**Das Fellbach-Konzept und seine Evaluation**	13
2.1	Projektidee	13
2.2	Sprachförderkonzept	13
2.3	Weiterqualifizierungskonzept	14
2.4	Evaluation des Fellbach-Konzepts	17

2. Das Fellbach-Konzept und seine Evaluation

2.1 Projektidee

Das hier beschriebene Sprachförderkonzept wurde von der Stadt Fellbach (Baden-Württemberg) in Auftrag gegeben. Die Pädagogische Hochschule Weingarten, die Goethe-Universität Frankfurt und die Leibniz Universität Hannover übernahmen die Aufgabe, ein durchgängiges Sprachförderkonzept für den Elementar- und Primarbereich zu entwickeln, durchzuführen und zu evaluieren. Ziel war dabei die Weiterqualifizierung und Professionalisierung der Erzieher/innen und Grundschullehrer/innen in Fellbach. Das Konzept, das im Folgenden »Fellbach-Konzept« genannt wird, wurde von Diemut Kucharz und Katja Mackowiak (2010, 2011) entwickelt, in einem Projektjahr (Kindergarten- bzw. Grundschuljahr 2010/11) mit den ersten Einrichtungen (zwei Kindergärten, zwei Grundschulen) erprobt und auf seine Wirksamkeit hin geprüft.

2.2 Sprachförderkonzept

Die Sprachförderung im Fellbach-Konzept basiert auf einem Ansatz, der in den Kindergarten- und Grundschulalltag integriert ist und durchgängig in den beiden Institutionen (Kindergarten und Grundschule) Anwendung findet. Wie in der »BiSS-Expertise« (Schneider et al. 2012) gefordert, sollen alle Erzieher/innen und Lehrkräfte geeignete Situationen im Kindergarten- und Grundschulalltag aufgreifen bzw. sprachbildende Kontexte gestalten und sprachliche Förderstrategien nutzen, um ein optimales Sprachangebot für alle Kinder zu ermöglichen. Sprache und Kommunikation können in ganz unterschiedlichen Situationen (z. B. beim dialogischen Bilderbuchbetrachten, bei den Mahlzeiten, im Freispiel) sowie Unterrichtsfächern (in Deutsch ebenso wie im Sachunterricht, in Kunst oder Mathematik) und Konstellationen (in der Interaktion mit einzelnen Kindern oder in Kindergruppen) initiiert und unterstützt werden. Sprachförderung soll zudem ab dem ersten Tag der Kindergartenzeit bis zum Ende der Grundschule stattfinden und auf eine multikulturelle und leistungsheterogene Gruppenzusammensetzung – also nicht nur auf leistungsschwache, sondern grundsätzlich auf alle Kinder – ausgerichtet werden. Es werden somit nicht nur Kinder mit sprachlichen Auffälligkeiten (z. B. Kinder mit Deutsch als Zweitsprache oder Sprachdefiziten) berücksichtigt, sondern auch Kinder mit guten Sprachkompetenzen. Denn auch bei letzteren ist der Spracherwerb zu Beginn der Grundschulzeit noch nicht abgeschlossen, entwickelt sich doch erst in dieser Zeit die sogenannte »Bildungssprache«, welche sich von der Alltagssprache noch einmal deutlich unterscheidet (Gogolin/Lange 2011).

Ein zentraler Grundsatz der alltagsintegrierten Sprachförderung ist, dass diese auf das einzelne Kind abgestimmt werden kann. Es geht also um eine Sprachförderung auf unterschiedlichem Anspruchsniveau für alle Kinder entsprechend ihrem jeweiligen Leistungsstand. Eine wesentliche Fördermethode stellt dabei die Anwendung von sogenannten »Sprachfördertechniken« dar, die an den aktuellen sprachlichen Leistungen eines Kindes ansetzen und diese erweitern (vgl. Kap. 8) (vgl. Fried/Briedigkeit 2008; Knapp/Kucharz/Gasteiger-Klicpera 2010).

2.3 Weiterqualifizierungskonzept

Zentraler Baustein des Fellbach-Konzepts ist eine gemeinsame Weiterqualifizierung für pädagogische Fachkräfte in Kindertagesstätten und Grundschulen, wodurch ein Austausch zwischen den Kolleg/innen beider Institutionen und damit eine gemeinsame Gestaltung des Übergangs ermöglicht werden (vgl. Griebel/Niesel 2004; Kucharz 2012a). Die Weiterqualifizierung beinhaltet neun Fortbildungen, in denen sich die Teilnehmer/innen theoretisches Wissen und praktische Handlungsempfehlungen in den Bereichen Sprachentwicklung, -diagnostik, -förderplanung und -förderung sowie Elternarbeit erarbeiten. Durch praktische Übungen sollen die gelernten Inhalte auf den Alltag übertragen und anschließend in den Fortbildungen diskutiert und reflektiert werden. Zusätzlich gibt es eine Umsetzungsbegleitung in Form eines Coachings mit drei Terminen pro Fachkraft, um den Transfer in die Praxis zu unterstützen. Während also in den Fortbildungen eher das theoretische Wissen, das Wissen um Handlungsmöglichkeiten erarbeitet sowie die Reflexion des eigenen Handelns und der Einstellungen angeregt werden, steht im Coaching das pädagogische Handeln in konkreten Situationen im Fokus.

Die beiden Bausteine des Konzepts – Fortbildungen und Coaching – lassen sich durch Studien gut begründen: Zum einen kann gezeigt werden, dass Kompetenzen von Pädagog/innen, auch im Bereich Sprachförderung, durch Weiterqualifizierungsangebote erweitert werden können (z.B. Briedigkeit 2011; King/Metz/Kammermeyer/Roux 2011; Simon/Sachse 2011; Kammermeyer/Roux 2013; Sticca/Saiger/Perren 2013). Zum anderen ist bekannt, dass erlerntes Wissen aus Fortbildungen oft träge bleibt, also in der Praxis kaum genutzt wird; Weiterqualifizierungen, die nicht ausschließlich dem traditionellen Fortbildungscharakter (im

Bühne frei für das Kamishibai!

12 Karten. Mit 32-seitigem Booklet.
Best.-Nr. 72760 | € 16,95

Alle Kamishibais
beltz.de/kamishibai

BELTZ

NEWSLETTER
für Erzieherinnen und Erzieher

- Wichtige Artikel zu frühkindlicher Bildung
- Aktuelle Infos über neue Fachbücher und Bilderbücher
- Rabattaktionen
- Gewinnspiele & Veranstaltungen

Registrieren Sie sich kostenlos
beltz.de/kitanews

Verlagsgruppe Beltz, Werderstr. 10, 69469 Weinheim
Illustration © Leo Lionni: Frederick | 12.21 | 35087 | 590275-2
Preisänderung und Irrtum vorbehalten. Gedruckt auf Recyclingpapier.

BELTZ

Sinne eines Wissensinputs) entsprechen, sondern durch praktische und situative Elemente (z. B. Coaching, Beratung, Supervision) ergänzt werden, erweisen sich als besonders wirksam (Wahl 2002; Rank/Gebauer/Fölling-Albers/Hartinger 2011).

Der Ablaufplan des hier evaluierten Weiterqualifizierungsjahrs wurde in Abstimmung mit den Teilnehmerinnen erstellt und wird in Tabelle 2.1 dargestellt.

Zeitpunkt	Thema
Sep. 2010	Fortbildung 1: Grundlagen der Sprachentwicklung: Erstspracherwerb
Okt. 2010	Fortbildung 2: Sprachdiagnostik – Teil I
	Fortbildung 3: Alltagsintegrierte Sprachförderung – Teil I
Nov. 2010	Fortbildung 4: Sprachdiagnostik – Teil II
Dez. 2010	Fortbildung 5: Sprachförderplanung – Teil I
Jan. 2011	Coaching 1
	Fortbildung 6: Grundlagen der Sprachentwicklung: Zweitspracherwerb
Feb. 2011	Fortbildung 7: Sprachförderplanung – Teil II
März 2011	Fortbildung 8: Alltagsintegrierte Sprachförderung – Teil II
April 2011	Fortbildung 9: Zusammenarbeit mit Eltern
Mai 2011	Coaching 2
Juni bis Sep. 2011	*Sommerpause*
Okt. 2011	Coaching 3

Tab. 2.1: Zeitlicher Ablauf der Weiterqualifizierung im Projektjahr

Im Anschluss an die neun Fortbildungen wurden zusätzlich zwei weitere Refreshing-Kurse angeboten (die aber nicht mehr in die Evaluation einbezogen wurden), um die für die Teilnehmerinnen relevanten Inhalte noch einmal zu wiederholen bzw. zu vertiefen (Oktober 2011 und Januar 2012).

Die Fortbildungen und das Coaching werden in den Kapiteln 4–10 des Buches ausführlich beschrieben. Da sich im Rahmen der begleitenden formativen Evaluation im Verlauf des Projektjahrs Anpassungen an die Bedürfnisse der Teilnehmerinnen als sinnvoll und notwendig erwiesen, haben wir diese im Sinne einer Optimierung des Konzepts bereits in diesem Buch berücksichtigt (zu beachten ist dabei, dass sich die Evaluation auf die ursprüngliche Version des Konzeptes bezieht).

Änderungen fanden insbesondere bei den Fortbildungen statt. So wurden die Power Point-Folien überarbeitet, indem Kürzungen, Vereinfachungen und Umstrukturierungen vorgenommen sowie aktuelle Literatur ergänzt wurden. Wesentliche inhaltliche Änderungen haben sich nur in drei Fortbildungen ergeben:

- In der Fortbildung zum Zweitspracherwerb wurde ein Exkurs zur türkischen Sprache gekürzt; dieser erwies sich zwar als gewinnbringend, jedoch ist er nicht zwingend erforderlich und könnte bei einer Weiterqualifizierung nur dann sinnvoll eingebracht werden, wenn die durchführende Person über solche Sprachkompetenzen verfügt (dies ist nicht ans Türkische gebunden; es sollte exemplarisch eine typische Herkunftssprache von Familien mit Migrationshintergrund sein).
- In den Fortbildungen zum Thema »Diagnostik« wurden in der ursprünglichen Version die Durchführung und Auswertung von Testverfahren ausführlich thematisiert und auch praktisch erprobt (da die Teilnehmerinnen durch die Datenerhebung im Rahmen der Evaluation mit diesem Thema in Berührung kamen); hierauf wird in der vorliegenden Version verzichtet (da es kein Ziel der Weiterqualifizierung ist, Erzieher/innen und Grundschullehrer/innen in der Durchführung standardisierter Sprachtests zu schulen).
- Die Fortbildung zur Elternarbeit wurde inhaltlich etwas umgestaltet und optimiert, um die Fortbildung in die Reihe besser einzugliedern; da sie als Abschluss der Fortbildungsreihe dient, bot es sich an, wesentliche Aspekte (Fördermethoden, Kompetenzfacetten) aus den anderen Fortbildungen noch einmal aufzugreifen, um daraus Ideen für die Zusammenarbeit mit Eltern zu generieren.

2.4 Evaluation des Fellbach-Konzepts

Der Nachweis der Wirksamkeit des Fellbach-Konzepts wird im Folgenden dargestellt. Es wird beschrieben, welche Gruppe an dem Projekt teilnahm, welche Methoden eingesetzt wurden und welche Ergebnisse sich zeigten.

2.4.1 Zielgruppe

Zur Überprüfung der Wirksamkeit des Fellbach-Konzepts haben wir eine Längsschnittstudie durchgeführt, an der insgesamt 20 pädagogische Fachkräfte teilnahmen (vgl. Abb. 2.1). Ziel war dabei zum einen, nachzuweisen, dass die Weiterqualifizierung zu einer Verbesserung der Sprachförderkompetenzen der Fachkräfte beiträgt; zum anderen wollten wir überprüfen, ob sich die alltagsintegrierte Förderung durch die geschulten pädagogischen Fachkräfte auch in den sprachlichen Leistungen der Kinder widerspiegelt. Zu diesem Zweck haben wir die Teilnehmerinnen[1] in zwei Gruppen eingeteilt: 14 Pädagoginnen aus zwei Fellbacher Kindergärten (n = 8) und zwei Grundschulen (n = 6) nahmen an der Weiterqualifizierung teil, wurden fortgebildet und gecoacht und bildeten die Modellgruppe. Diese Pädagoginnen betreuten insgesamt 120 Kinder (Kinder ab vier Jahren im Kindergarten sowie Kinder der ersten und zweiten Klasse in der Grundschule). Die Weiterqualifizierung fand im Kindergarten-/Schuljahr 2010/11 statt.

Die sechs übrigen Pädagoginnen aus einem Kindergarten (n = 4) und einer Grundschule (n = 2)[2] in Fellbach sowie die zugehörigen 54 Kinder aus den entsprechenden Gruppen bzw. Klassen wurden der Kontrollgruppe zugeordnet, sie erhielten zunächst keine Weiterqualifizierung.[3] Dies ist zur Überprüfung einer Intervention notwendig, weil sich alle Kinder in der Regel über die Zeit sprachlich weiterentwickeln und nur durch eine Kontrollgruppe der Effekt einer Maßnahme überprüft werden kann.

---

1 Da nur Frauen teilnahmen, verwenden wir im Folgenden die weibliche Form.
2 Leider konnte im ersten Durchgang aufgrund finanzieller und personeller Rahmenbedingungen keine größere Stichprobe in diese Weiterqualifizierung einbezogen werden.
3 Diese Gruppe erhielt aber im Anschluss an die Evaluation die gleiche Weiterqualifizierung.

2.4.2 Eingesetzte Methoden

Um Effekte der Weiterqualifizierung herausfinden zu können, muss (mindestens) vor und nach der Intervention eine Überprüfung stattfinden (zwei Messzeitpunkte). Entsprechend erhoben wir vor der Weiterqualifizierung im Herbst 2010 und nach der Maßnahme im Sommer bzw. Herbst 2011 folgende Daten:

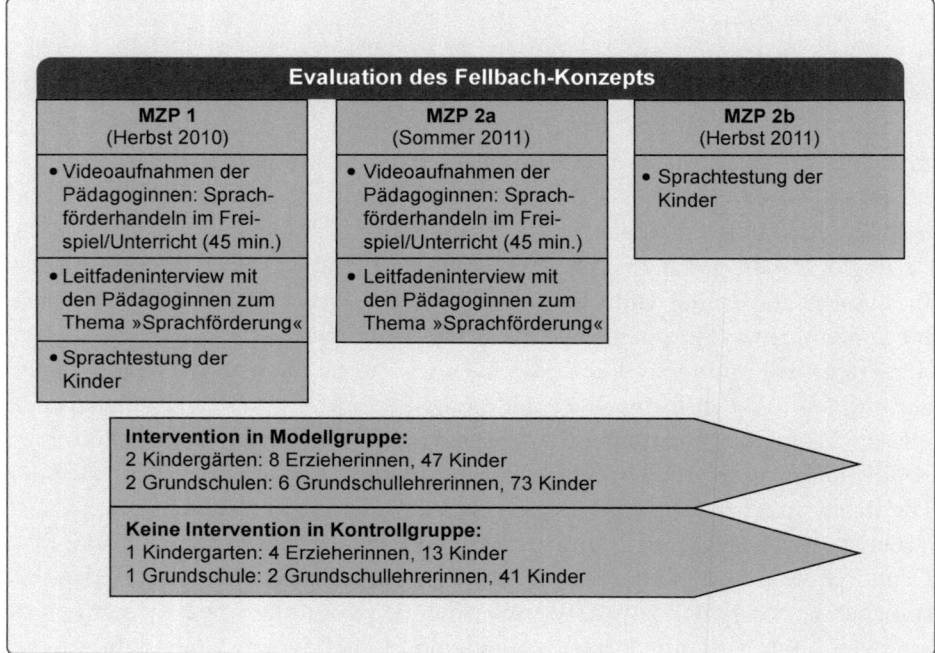

Abb. 2.1: *Erhobene Daten im Fellbach-Konzept vor (MZP 1) und nach der Maßnahme (MZP 2a und 2b)*

Die Sprachförderkompetenzen aller teilnehmenden Pädagoginnen wurden zum einen auf der Ebene des Wissens und der Haltung (mittels Interviews), zum anderen auf der Handlungsebene (mittels Videos) analysiert. Zusätzlich wurden die sprachlichen Leistungen der Kinder (mittels Tests) ermittelt.

Interviews: Zu beiden Zeitpunkten (vor und nach der Intervention) führten wir Interviews, die unter anderem Fragen zum Verständnis von Sprachförderung, zum förderdiagnostischen Vorgehen, zur Kooperation und zur eigenen Haltung enthielten. Inhaltsanalytisch[4] ausgewertet wurde vor allem das Wissen um die

---

4 Hierbei nutzten wir die qualitative Inhaltsanalyse nach Mayring (2010).

Sprachförderplanung, weil sie sowohl diagnostische als auch Förderaspekte enthält und zentral für die alltagsintegrierte Sprachförderung ist.

Videos: Das Sprachförderhandeln der Pädagoginnen wurde ebenfalls zweimal erfasst. Die Erzieherinnen wurden 45 Minuten lang im Freispiel und die Grundschullehrerinnen eine Unterrichtsstunde lang gefilmt. Hierbei wurden sie aufgefordert, sprachförderlich im Alltag zu handeln. Den Kern der Videoauswertungen bildet die Analyse der angewandten Sprachfördertechniken[5]; sie werden als wesentlicher Indikator für die Sprachförderkompetenzen angesehen. Mit einem Auswertungssystem wurden folgende Sprachfördertechniken der Erzieherinnen und Grundschullehrerinnen erfasst (eine ausführliche Darstellung der Sprachfördertechniken findet sich in Kap. 8):
- korrektives Feedback (auf phonologischer, semantischer, syntaktischer und/oder morphologischer Ebene);
- Modellierungstechniken (auf semantischer, syntaktischer und/oder morphologischer Ebene);
- Stimulierungstechniken (offene Fragen, Paralleltalking).

Sprachtests: Die sprachlichen Leistungen der Kinder wurden durch standardisierte Tests erhoben. Mit den Kindergartengartenkindern führten wir das »Heidelberger Auditive Screening in der Einschuluntersuchung« (*HASE*, Brunner/Schöler 2008) durch und, sofern ein Risiko vorlag, den »Sprachentwicklungstest für 3- bis 5-jährige Kinder« (*SETK 3–5*, Grimm 2001). Die Grundschulkinder wurden mit dem »Potsdam Illinois Test für psycholinguistische Fähigkeiten« (*P-ITPA*, Esser/Wyschkon 2010) getestet.

Mit diesen Methoden wollten wir überprüfen,
- welche Unterschiede sich auf Seiten der Pädagoginnen in der Modell- und Kontrollgruppe zum ersten vs. zweiten Messzeitpunkt im Hinblick auf das *Wissen* über die Sprachförderplanung ergeben;
- welche Unterschiede sich auf Seiten der Pädagoginnen in der Modell- und Kontrollgruppe zum ersten vs. zweiten Messzeitpunkt im Hinblick auf ihr *Sprachförderhandeln* (Anzahl und Art der genutzten Sprachfördertechniken) zeigen;
- welche Unterschiede auf Seiten der Kinder in der Modell- und Kontrollgruppe zum ersten vs. zweiten Messzeitpunkt im Hinblick auf die *sprachlichen Leistungen* ermittelt werden können.

---

5 Die Beurteilerübereinstimmung für die ermittelten Sprachfördertechniken lag dabei zwischen 85 und 92 Prozent (korrektives Feedback: 85 %, Modellierungstechniken: 87 %, Stimulierungstechniken: 92 %).

Wir gingen davon aus, dass zum einen die Pädagoginnen der Modellgruppe im Verlauf der Weiterqualifizierung ihr Wissen erweitern und mehr Sprachfördertechniken aller Art zeigen als diejenigen der Kontrollgruppe; zum anderen wurden differenzielle Effekte in den sprachlichen Leistungen der Kinder zugunsten der Modellgruppe erwartet.

Aufgrund der kleinen Stichprobe können die Ergebnisse nur als erste Hinweise gewertet werden und sind mit Vorsicht zu interpretieren. Weitere Studien müssen die Belastbarkeit der Ergebnisse belegen. Trotzdem lassen sich erste Tendenzen ableiten, ob diese Art der Weiterqualifizierung erfolgversprechend sein kann.

2.4.3 Zentrale Ergebnisse

Ergebnisse aus den Interviews: In einem ersten Schritt wurde untersucht, ob sich das Wissen der pädagogischen Fachkräfte durch die Weiterqualifizierung positiv veränderte. Hier zeigen die Ergebnisse, dass sich in der Kontrollgruppe keine wesentlichen Veränderungen vom ersten zum zweiten Messzeitpunkt im Bereich der Sprachförderplanung ergeben haben. Die Modellgruppe ist in ihrem Wissen zwar auch noch nicht in den Experten-Status gerückt, aber es zeigen sich erste positive Veränderungen: Beispielsweise wurden die einzelnen Schritte der Förderplanung zum zweiten Messzeitpunkt häufiger angesprochen als beim ersten, und es wurden mehr Teilaspekte zu den einzelnen Schritten genannt. Das Wissen ist fundierter und auch in einen Kontext eingebettet. Außerdem hat sich die Haltung in diesem Bereich verändert und die Verantwortung wird seltener an andere delegiert. Folgende Zitate sollen diese ersten Entwicklungen (die sich noch nicht durchgängig bei allen Pädagoginnen zeigen, was dafür spricht, dass Veränderungen Zeit brauchen) belegen (vgl. Tab. 2.2).

Antwort einer Lehrerin der Modellgruppe (SA1) auf die Frage danach, welche diagnostischen Schritte sie realisiert.	
MZP 1	*MZP 2*
»Ähm, gut, da haben wir seither eigentlich nicht allzu viel gemacht, ja, jetzt so speziell. Ich mein', natürlich im Unterricht merkt man das so schon, ja. Wir haben hier einen Test für ganz auffällige Kinder, da geht's um Sprache und anderes. (...) Aber sonst jetzt, ähm, im Unterricht selber, da hab' ich mir jetzt von dieser Fortbildung manches erhofft. Es war für mich schon immer unbefriedigend, dass ich nicht so recht wusste, was ich tun kann.«	»Äh, ja, gut, intuitiv (...) hab' ich seither auch manches gemerkt, aber ich achte jetzt schon anders noch drauf, ja. Ich glaub', ich mach' des schon eher. Was wir, was sehr gut war, war die schriftliche, also, die Analyse der Sprachproben, und das führt dazu, dass man auch Gespräche, die man nicht aufgeschrieben hat, anders analysieren kann. Mit der Zeit, ja, also, des war sehr wertvoll, und, ja, das Förderplanerstellen war auch nicht schlecht. Also, um zu gucken, in welchen Bereichen man da was tun kann.«
Antwort einer Erzieherin der Modellgruppe (KA4) auf die Frage danach, ob sie eine Sprachförderplanung macht.	
MZP 1	*MZP 2*
»Nee.«.	»Also, für mich isch ein Sprachförderplan, also da brauch' ich erstmal 'ne Beobachtung. Und wir ham' einmal die Beobachtung dann quasi aufgenommen, was ich persönlich schwieriger fand und deshalb ich's zweite Mal die mir dann quasi Schritt für Schritt mitgeschrieben, was das Kind gesagt und gemacht hat. Und dann hab' ich anhand vom Sprachförderplan die einzelnen Stellen quasi analysiert, wo die Schwerpunkte sind quasi vom Kind. Was es gut kann und was es nicht so gut kann. Und abgeleitet von den Sachen überlegt man sich ja dann quasi, was man fördern möchte. Dann, wie man's fördert, wann man's fördert und ob man's gefördert hat.«

Tab. 2.2: Zitate aus den Interviews der Modellgruppe zum ersten und zweiten Messzeitpunkt (MZP)

Ergebnisse aus den Videos: Die Analyse der Videos sollte Erkenntnisse darüber bringen, ob die Pädagoginnen der Modellgruppe (im Vergleich zur Kontrollgruppe) insbesondere zum zweiten Messzeitpunkt mehr sprachförderliches Verhalten zeigten. Die Ergebnisse dieser Analysen haben wir in Abbildung 2.2 zusammengefasst.

Es zeigte sich, dass die Pädagoginnen der Modellgruppe zum zweiten Messzeitpunkt mehr Sprachfördertechniken nutzten als die Pädagoginnen der Kontrollgruppe (der Unterschied zwischen den Gruppen ist zum ersten Messzeitpunkt dagegen nicht statistisch bedeutsam).

Eine differenzierte Analyse der verschiedenen Arten von Sprachfördertechniken (korrektives Feedback, Modellierungs- und Stimulierungstechniken) ergab folgende Befunde (vgl. Abb. 2.2): Modellierungs- und Stimulierungstechniken wurden in beiden Gruppen und zu beiden Messzeitpunkten deutlich mehr genutzt als korrektives Feedback. Beim Vergleich der beiden Gruppen zeigte sich zum ersten Messzeitpunkt in keiner der drei Arten von Sprachfördertechniken ein statistisch bedeutsamer Unterschied zwischen der Modell- und der Kontrollgruppe. Ein Jahr später konnten dagegen relevante Unterschiede in der Nutzung von Sprachfördertechniken nachgewiesen werden. Pädagoginnen der Modellgruppe zeigten sich (im Vergleich zur Kontrollgruppe) im Einsatz von korrektivem Feedback deutlich überlegen. Im Bereich der Stimulierungstechniken konnten dagegen auch zum zweiten Messzeitpunkt keine bedeutsamen Unterschiede zwischen beiden Gruppen nachgewiesen werden.

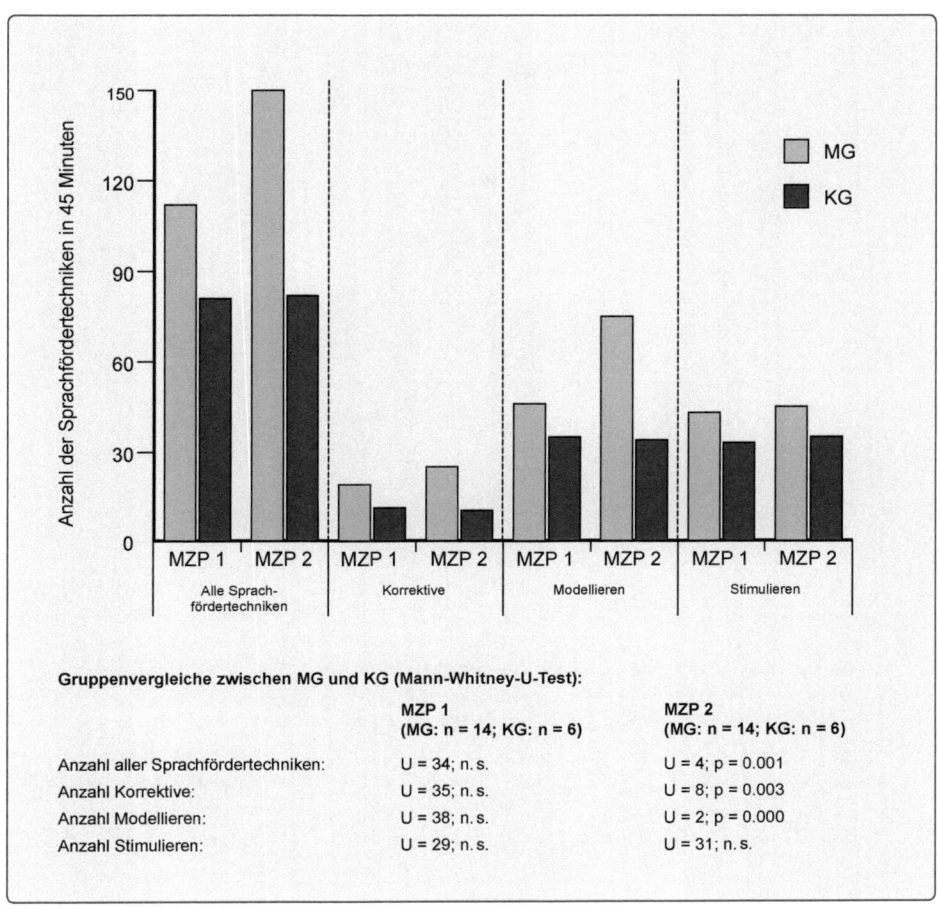

Abb. 2.2: Durchschnittliche Anzahl aller Sprachfördertechniken pro 45 Minuten sowie der korrektiven, modellierenden und stimulierenden Sprachfördertechniken der Modell- (MG) und Kontrollgruppe (KG) zum ersten und zweiten Messzeitpunkt (MZP)

Ergebnisse aus den Sprachtests: Zur Klärung der Frage, ob sich das verbesserte Sprachförderverhalten der pädagogischen Fachkräfte der Modellgruppe auch in den sprachlichen Leistungen der Kinder widerspiegelt, wurden die Leistungskennwerte[6] der Kinder beider Gruppen in den durchgeführten Sprachtests vor und nach der Weiterqualifizierung miteinander verglichen (vgl. Abb. 2.3).

---

6 Mittlere T-Werte in den verschiedenen Tests wurden hier als grundlegendes Vergleichsmaß für die statistischen Berechnungen genutzt.

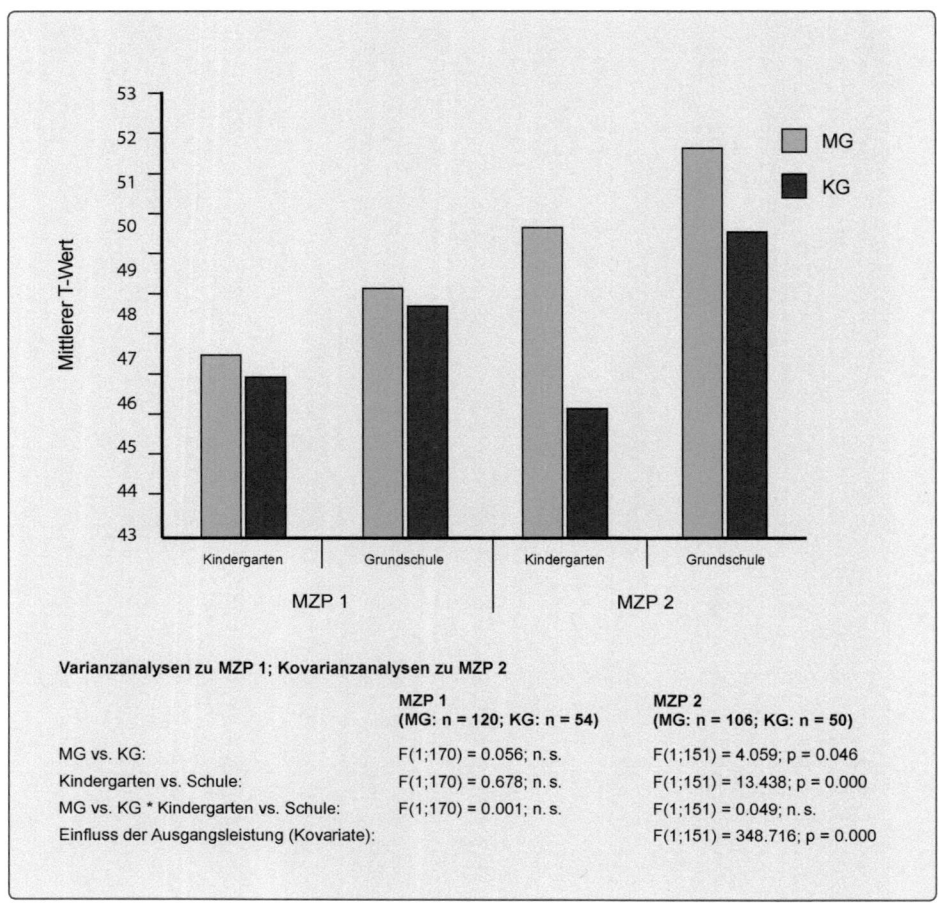

Abb. 2.3: Durchschnittliche Leistungen der Kinder der Modell- (MG) und Kontrollgruppe (KG) in den Sprachtests (T-Werte) zum ersten und zweiten Messzeitpunkt (MZP)

Zunächst konnten wir feststellen, dass sich die Kinder beider Gruppen in ihren Ausgangsleistungen (zum ersten Messzeitpunkt) nicht bedeutsam unterschieden. Nach der Intervention zeigte sich dagegen eine Tendenz in die erwartete Richtung: Die Kinder der Modellgruppe verbesserten ihre sprachlichen Leistungen tendenziell mehr als die Kinder der Kontrollgruppe. Diese Ergebnisse sind noch mit einer gewissen Vorsicht zu interpretieren, weil sie das statische Signifikanzniveau nur in der Tendenz erreichen.

Da es in diesen Analysen sinnvoll ist, die sprachliche Ausgangsleistung der Kinder vor der Intervention zu berücksichtigen, wurde diese in einer weiteren Analyse einbezogen. In diesem Fall ergab sich ein bedeutsamer Unterschied in den Testleistungen der beiden Gruppen nach der Intervention, der dafür spricht, dass die Kinder der Modellgruppe tatsächlich vom verbesserten sprachförderlichen Handeln der weiterqualifizierten Pädagoginnen zu profitieren scheinen.[7]

Insgesamt stimmen diese ersten Evaluationsergebnisse mit einer relativen kleinen Stichprobe optimistisch. Durch die Weiterqualifizierungsmaßnahme konnten zum einen Effekte auf das sprachförderliche Handeln der pädagogischen Fachkräfte erzielt werden, was als Kompetenzentwicklung gewertet werden kann. Zum anderen zeigten sich auch Leistungsverbesserungen bei den Kindern, die in der Modellgruppe tendenziell größer ausfallen als in der Kontrollgruppe, was ebenfalls auf die Wirksamkeit der Maßnahmen hindeutet. Entsprechend wird das Konzept inzwischen in Fellbach im vierten Durchgang angeboten und soll langfristig flächendeckend umgesetzt werden.

---

[7] Die Grundschulkinder zeigten in dieser Analyse bessere Leistungen als die Kindergartenkinder, was möglicherweise an dem in der Grundschule eingesetzten differenzierteren Sprachtest liegen könnte.

Bausteine der Weiterqualifizierung

3.	Fortbildungen: Einleitung	27
4.	Grundlagen der Sprachentwicklung: Erstspracherwerb	29
5.	Grundlagen der Sprachentwicklung: Zweitspracherwerb	44
6.	Sprachdiagnostik	54
7.	Sprachförderplanung	77
8.	Alltagsintegrierte Sprachförderung	93
9.	Zusammenarbeit mit Eltern	111
10.	Coaching	122

3. Fortbildungen: Einleitung

Die dem Buch zugrunde liegende Fortbildungsreihe beinhaltet folgende *Themen:*
- Sprachentwicklung von Kindern
- Sprachdiagnostik
- Sprachförderplanung
- Alltagsintegrierte Sprachförderung
- Zusammenarbeit mit Eltern

Die *Auswahl* der Themen orientiert sich an Empfehlungen und Modellen aus der Literatur (z. B. Kretschmann 2008; Knapp/Kucharz/Gasteiger-Klicpera 2010; List 2010; Redder et al. 2010a + b; Deutsches Jugendinstitut 2011; Kappeler Suter/Kannengieser 2011; Schneider et al. 2012, 2013). Neben einem Grundlagenwissen zum Spracherwerb in der Erst- und Zweitsprache geht es um die wesentlichen Schritte im Sprachförderprozess (Diagnostik – Planung – Förderung – Evaluation – Dokumentation) sowie um die Zusammenarbeit mit den Eltern.

Da jedes Thema für sich umfangreiche Inhalte enthält, sind für die ersten vier Themen jeweils zwei Fortbildungstermine angesetzt; so bietet sich die Möglichkeit, das Gelernte zu verarbeiten und bis zum zweiten Termin in der Praxis zu erproben. Das fünfte Thema (»Zusammenarbeit mit Eltern«) umfasst nur eine Fortbildung, weil wir davon ausgehen, dass alle pädagogischen Fachkräfte bereits vielfältige Erfahrungen in der Zusammenarbeit mit den Eltern haben, und der Fokus daher vor allem auf die Zusammenarbeit im Bereich Sprache gelegt wird.

Die Fortbildungsreihe umfasst also neun Fortbildungstermine. Für jede Fortbildung werden vier Zeitstunden angesetzt, um genügend Zeit für theoretischen Input, praktische Übungen und auch gemeinsame Reflexions- und Diskussionsphasen zu haben. Außerdem sollte Zeit für den Austausch zwischen den Erzieher/-innen und Grundschullehrer/innen eingeplant werden; dieser ist auch gut in den Pausen möglich.

Die *Abfolge* der Themen in diesem Buch entspricht einer theoretischen Logik: Die einzelnen Kapitel bauen inhaltlich aufeinander auf: Nach Grundlagen zum Spracherwerb werden die einzelnen Schritte des Sprachförderprozesses thematisiert; die Elternarbeit wird als zusätzlich relevantes Thema ergänzt. Eine Umstellung der Themen ist prinzipiell möglich und sollte sich an den Vorkenntnissen und Bedürfnissen der Teilnehmer/innen orientieren. Im Rahmen der (formativen) Evaluation dieser Weiterqualifizierung hat sich beispielsweise gezeigt, dass das Thema »Alltagsintegrierte Sprachförderung« von den Teilnehmerinnen im Ablauf eher gewünscht wurde, um möglichst früh konkrete Handlungsempfehlungen für die Sprachförderung in der eigenen Einrichtung zu erhalten. Eine solche Umstellung ist aber im Einzelfall gut zu reflektieren, da bestimmte Themen Vorkenntnisse in anderen Bereichen erfordern (z. B. setzt der Einsatz der einzelnen Sprachfördertechniken Wissen über die verschiedenen Sprachebenen und kindlichen Sprachentwicklungsschritte voraus).

Es wird empfohlen, die genannten Themen im monatlichen *Turnus* (außerhalb der Ferienzeiten) durchzuführen und über ein Kindergarten- bzw. Grundschuljahr zu verteilen. Werden die Fortbildungen über einen längeren Zeitraum verteilt angeboten, können die Inhalte besser verarbeitet und in der Praxis erprobt werden. So ist es auch möglich, zwischen den Fortbildungen praktische Arbeitsaufträge zu erledigen, die dann gemeinsam ausgewertet werden. Parallel zu den Fortbildungen finden die Coaching-Termine ebenfalls in dieser Zeit statt, damit die Pädagog/innen von Beginn an in ihrer praktischen Umsetzung professionell begleitet werden.

Bei der *Gestaltung* von Fortbildungen sind folgende grundlegende Empfehlungen zu beachten (vgl. z. B. Lipowsky 2004; Lipowsky/Rzejak 2012), beispielsweise:
- eine gute organisatorische Planung und inhaltliche Vorbereitung,
- eine abwechslungsreiche Mischung aus einem Input (Vortrag) und aktivierenden Elementen (z. B. Übungen),
  - Beim Vortrag helfen eine strukturierte, mit Visualisierungen arbeitende Darstellung, ein möglichst freies Präsentieren, das über die Inhalte der Folien hinaus geht, sowie ein Eingehen auf Fragen der Teilnehmer/innen.
  - Bei den Übungen sollte auf eine klare Aufgabenstellung (mit Zeitangabe) sowie eine Unterstützung während der Bearbeitung geachtet werden.
- eine Verknüpfung zwischen Theorie und Praxis,
- der Einbezug bereits vorhandener Kompetenzen (z. B. Wissen) und Erfahrungen der Teilnehmer/innen (aus dem Berufsalltag),
- Raum für Austausch und Diskussionen (in diesem Konzept: sowohl in Einrichtungs-Teams als auch zwischen Erzieher/innen und Grundschullehrer/innen),
- Raum für Nachfragen und für Reflexion der eigenen Kompetenzen und Handlungsweisen,
- ein Feedback zum Schluss (insbesondere im Kontext einer Fortbildungsreihe, um gegebenenfalls den weiteren Verlauf zu optimieren).

4. Grundlagen der Sprachentwicklung: Erstspracherwerb

Ziele der Fortbildung »Grundlagen der Sprachentwicklung«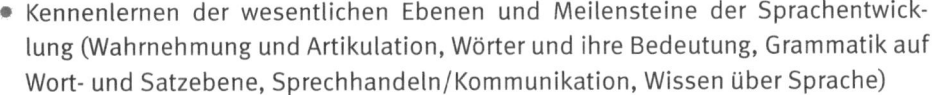

- Kennenlernen der wesentlichen Ebenen und Meilensteine der Sprachentwicklung (Wahrnehmung und Artikulation, Wörter und ihre Bedeutung, Grammatik auf Wort- und Satzebene, Sprechhandeln/Kommunikation, Wissen über Sprache)
- Reflektieren der eigenen Vorstellungen zum Spracherwerb (Wie erwerben Kinder Sprache? Was erwarte ich von einem Kindergarten-/Grundschulkind?)

4.1 Relevanz des Fortbildungsthemas

Um Sprache von Kindern im Alltag fördern zu können, bedarf es eines grundlegenden Wissens über die wesentlichen Entwicklungsschritte, die sich in den ersten Lebensjahren vollziehen. Nur so lässt sich einschätzen, ob die Entwicklung regelrecht verläuft, in welchen Bereichen Verzögerungen und untypische Abweichungen zu beobachten sind und welche Schritte in der »Zone der nächsten Entwicklung« (Vygotsky 1987) liegen.

Darüber hinaus erfüllt Sprache verschiedene Funktionen in ganz unterschiedlichen Bereichen. Sie dient der Kommunikation, dem Aufbau von sozialen Beziehungen und der Gestaltung von sozialen Interaktionen. Sprache kann hilfreich sein beim Denken und planvollen Handeln (Handlungssteuerung); und sie hilft im Umgang mit Emotionen (z. B. Emotionen wahrnehmen, benennen und regulieren) (Weinert 2007).

Der Erwerb der kindlichen Sprache verläuft auf fünf unterschiedlichen Ebenen, die im Hinblick auf eine Förderung differenziert werden müssen (z. B. Jampert/Zehnbauer/Best/Sens/Leuckefeld/Laier 2009):
- Wahrnehmung und Artikulation von Lauten (Phonologie & Prosodie),
- Erwerb von Wörtern und ihrer Bedeutung (Lexik & Semantik),
- Entwicklung einer Grammatik auf Wort- und Satzebene (Morphologie & Syntax),
- Nutzung der Sprache zur Interaktion und Kommunikation (Pragmatik) sowie
- Analyse sprachlicher Strukturen (metasprachliche Kompetenz).

Diese Ebenen werden im vorliegenden Kapitel vorgestellt und wesentliche Entwicklungsschritte skizziert. Mögliche Abweichungen vom regelrechten Spracherwerb werden exemplarisch beschrieben. Dieser erste Teil der Fortbildung bezieht sich auf den Erstspracherwerb der deutschen Sprache, im zweiten Teil (vgl. Kap. 5) wird der Zweitspracherwerb thematisiert.

Da es je nach theoretischer Position sehr unterschiedliche Vorstellungen und Annahmen zum Spracherwerb gibt, die jeweils etwas andere Schwerpunkte setzen, sollen zudem die grundlegenden Spracherwerbstheorien dargestellt und diskutiert werden. Auf dieser Basis können die Teilnehmer/innen ihre eigenen Überzeugungen reflektieren und ihre Erwartungen an die sprachlichen Kompetenzen von Kindern im Kindergarten- und Grundschulalter herausarbeiten. Diese Erwartungen können in den beiden Bildungsinstitutionen (Kindergarten und Grundschule) durchaus unterschiedlich sein, weshalb ein Austausch zwischen Erzieher/innen und Grundschullehrer/innen hilfreich sein kann. Je nachdem, welchen Ansatz man selbst verfolgt, hat dies Auswirkungen auf die eigene Haltung und das Sprachförderhandeln. Auch diese Konsequenzen sollen gemeinsam diskutiert werden.

4.2 Ebenen und Meilensteine der Sprachentwicklung

Der Spracherwerb vollzieht sich auf fünf unterschiedlichen Ebenen, die im Folgenden kurz skizziert werden (vgl. Abb. 4.1).

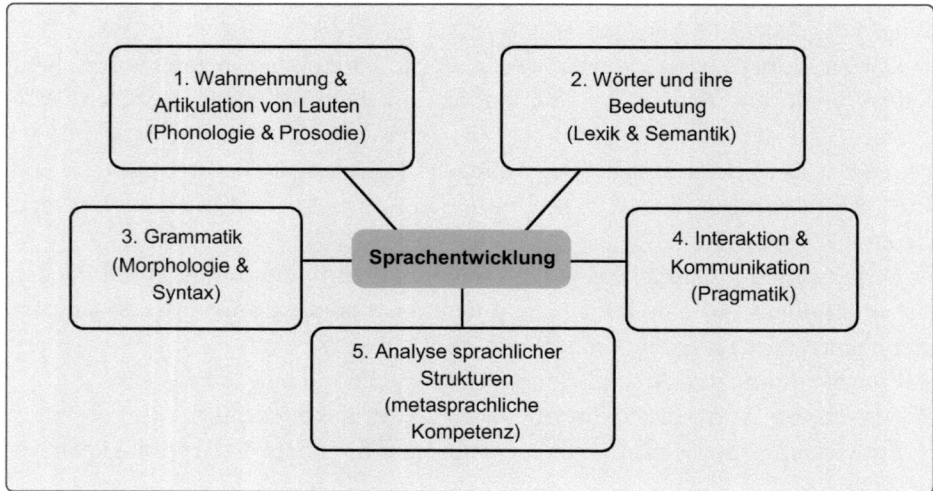

Abb. 4.1: Ebenen der Sprachentwicklung

4.2.1 Wahrnehmung und Artikulation von Lauten (Phonologie und Prosodie)

Sprache wahrzunehmen und zu artikulieren, ist eine der ersten wesentlichen Kompetenzen im Spracherwerb. Mit der *Wahrnehmung und Bildung von Lauten* bzw. der *Phonologie* wird die Fähigkeit beschrieben, Laute und Lautkombinationen einer Sprache richtig wahrzunehmen, auszusprechen und zu verwenden. Dabei können die Laute und Lautverbindungen je nach Herkunftssprache sehr unterschiedlich sein (z. B. werden im Italienischen Doppelvokale nicht als ein Laut/Phonem ausgesprochen wie im Deutschen, z. B. bei »Auto«). Die *Sprachmelodie* bzw. *Prosodie* wird als spezifische Art, die Wörter und Sätze zu betonen, definiert. Säuglinge nehmen diese bereits vorgeburtlich wahr und können sie später sogar wiedererkennen (Weinert/Grimm 2012). Dabei spielen Tonhöhe, Lautstärke, Betonungs- und Dehnungsmuster, Geschwindigkeit und die Nutzung von Pausen eine wesentliche Rolle. Die Sprachmelodie unterstützt auch das Verstehen (z. B. »das Auto umfahren vs. das Auto umfahren«), so verlangsamt sich das Sprechen an den Satzenden, relevante Stellen werden durch Pausen verdeutlicht oder die Stimme wird bei einer Frage am Ende gehoben (Jampert/Zehnbauer/Best/Sens/Leuckefeld/Laier 2009).

Säuglinge erwerben bereits im ersten Lebensjahr (teilweise auch schon vorgeburtlich) die Laut- und Klangstruktur ihrer vorherrschenden Umweltsprache (Weinert/Grimm 2012). Dabei lassen sich typische Erwerbssequenzen erkennen (Jampert/Zehnbauer/Best/Sens/Leuckefeld/Laier 2009; Singer 2010):

- Bei den Vokalen werden die gerundeten [a, o, u] vor den nicht gerundeten [e, i] erworben.
- Nasale [m, n] und vordere Plosive (Verschlusslaute) [p, b, t, d] werden zuerst erworben.
- Hintere Plosive [k, g] kommen später hinzu.
- Zuletzt erwerben Kinder die hinteren Frikative (Reibelaute), wie z. B. [r] und [ç] (z. B. in »Buch«).

Auffälligkeiten: In der Entwicklung zeigen sich typische Vereinfachungsprozesse, weil Kinder nicht sofort alle Laute und deren Kombinationen richtig produzieren können; diese sind abzugrenzen von Entwicklungsauffälligkeiten. In Tabelle 4.1 sind einige entwicklungstypische Vereinfachungen sowie Hinweise auf eine entwicklungsuntypische Abweichung aufgeführt.

Entwicklungstypische Vereinfachungsprozesse ⇨ sollten bis zum Alter von etwa vier Jahren überwunden werden	Hinweise auf kritische Abweichungen in der Lautbildung
• Auslassen unbetonter Silben, z. B. »(Pu)llover, (ka)putt«	
• Auslassen von Endkonsonanten, z. B. »Pinse(l)«	• Vereinfachungsprozesse dauern länger an.
• Lautersetzungen, z. B. »Wanne – Banne«	• Vereinfachungsprozesse sind untypisch (z. B. »Hadel« statt »Nadel«).
• »Fronting«: Laute, die weiter hinten produziert werden, werden nach vorne verlagert, z. B. »komm gucken – tomm tucken«	• Einzelne Laute werden gegen Ende der Kindergartenzeit zwar grundsätzlich produziert, aber noch nicht in allen Positionen und Kombinationen (z. B. bei Konsonantenhäufungen).
• Angleichung von Lauten, z. B. »Pudel – Pubel«	
• Vereinfachung von Konsonantenkombinationen, z. B. »(K)nöpfe, get(r)unken«	

Tab. 4.1: *Entwicklungstypische Vereinfachungsprozesse und kritische Abweichungen in der Lautbildung (Hacker 2002; Welling 2006; Singer 2010)*

Insgesamt sollten beim regulären (Erst-)Spracherwerb im letzten Kindergartenjahr alle Laute und Lautkombinationen (mit Ausnahme von s-Lauten, die durch den noch nicht ganz vollzogenen Zahnwechsel zustande kommen könnten) wahrgenommen und produziert werden können. Bei mehrsprachigen Kindern, die Deutsch als Zweitsprache erwerben, ist aber auch die Herkunftssprache des Kindes zu beachten.

4.2.2 Wörter und ihre Bedeutung (Lexik und Semantik)

Der Erwerb von Wortbedeutungen ist ein zweiter wichtiger Bereich in der Sprachentwicklung. Dabei ist zwischen Inhalts- und Funktionswörtern zu unterscheiden, wobei erstere früher erworben werden als letztere (Jampert/Zehnbauer/Best/Sens/Leuckefeld/Laier 2009):
• *Inhaltswörter:* Hierunter fallen Substantive (Nomen, z. B. »Roller«, »Lutscher«), Tätigkeitswörter (Verben, z. B. »laufen«, »fangen«), Eigenschaftswörter (Ad-

jektive, z. B. »rot«, »weich«) sowie Umstandswörter (Adverbien, z. B. »oben«, »draußen«).
- *Funktionswörter:* Hierzu zählen Artikel (»der«, »die«, »das«), Fürwörter (Pronomen, z. B. »er«, »ihm«), Verhältniswörter (Präpositionen, z. B. »vor«, »zwischen«) sowie Bindewörter (Konjunktionen, z. B. »weil«, »damit«).

Kinder lernen zunächst die Bedeutung konkreter Menschen oder Gegenstände in ihrer unmittelbaren Umgebung, es sind oft soziale Wörter (z. B. »winke-winke«) oder spezifische kontextgebundene Namen (z. B. »Mama«). Dabei kann es häufig zu Übergeneralisierungen kommen (z. B. wird jeder Vierbeiner als »Wauwau« bezeichnet). Manchmal kommt es auch zu sogenannten »Überdiskriminierungen«, wenn ein Wort mit allgemeiner Bedeutung (z. B. »Hund«) nur für das eigene Exemplar (z. B. »Hund« = eigener Hund) genutzt wird. Erst im Laufe der Entwicklung und durch korrigierende Hinweise der Bezugspersonen werden die Bedeutungen der Wörter differenziert und nähern sich der Bedeutung der Erwachsenensprache an (Rothweiler 2001).

Mit etwa zehn bis 14 Monaten produzieren die meisten Kinder ihre ersten Wörter; verstehen können sie vermutlich schon etwa 60 Wörter (Weinert/Grimm, 2012). Zunächst verläuft der Spracherwerb langsam, und die Wortbedeutungen sind noch deutlich anders als die der Erwachsenen. Mit 18 Monaten umfasst der aktive Wortschatz eines Kindes dann etwa 50 Wörter (passiver Wortschatz: etwa 200 Wörter). In der Regel kommt es jetzt zu einer rasanten Wortzunahme (»Benennungsexplosion«; Rothweiler 2001).

Sobald ein Kind etwa 100 bis 200 Wörter beherrscht, fängt es auch mit ersten Wortkombinationen an. Jetzt werden zunehmend auch Verben und Adjektive verwendet (ab dem 30. Lebensmonat lässt sich ein schnelles Wortlernen insbesondere für Verben beobachten); ab einem Alter von etwa 28 Monaten (aktiver Wortschatz ca. 400 Wörter) kommen dann Funktionswörter wie Artikel und Präpositionen hinzu (Weinert/Grimm 2012).

Auffälligkeiten: Ein erhöhtes Risiko für eine langfristige Sprachentwicklungsauffälligkeit weisen Kinder auf, die mit zwei Jahren noch nicht die kritische »50-Wort-Grenze« erreicht haben (Weinert/Grimm 2012).

Wenn Kinder Schwierigkeiten bei der Speicherung von Wörtern bzw. beim Zugriff auf das Lexikon (Wortfindungsstörungen) haben, zeigen sie häufig besondere Verhaltensweisen. Diese werden zwar auch von Kindern ohne Entwicklungsauffälligkeiten genutzt, aber nicht in der Häufigkeit und auch Dauer wie von Kindern mit derartigen Problemen (Dannenbauer 1997; Kolonko 1998; Füssenich 2002; Zollinger 2010).

- Vermeidungsstrategien: Ausweichverhalten, Schweigen, Ja-Sagen, wiederkehrende Phrasen/Sätze (z. B. »weiß nicht«; »du weißt schon«);
- Ersetzungen durch ähnlich klingende Wörter oder Wörter desselben semantischen Feldes (z. B. »Nadel« statt »Nagel«, »Glas« statt »Tasse«);
- Umschreibungen nach Form oder Funktion (z. B. »so flacher Topf mit Stiel« für »Pfanne«, »zum Nägel Reinschlagen« für »Hammer«);
- Wortschöpfungen (z. B. »Schwitzkasten« für »Sauna«).

4.2.3 Grammatikerwerb auf Wort- und Satzebene (Morphologie und Syntax)

Im Bereich der Grammatik lernt ein Kind die Regeln der Wortbildung und des Satzbaus. Tabelle 4.2 gibt einen Überblick, welche Aspekte in diesem Bereich der Sprachentwicklung erworben werden müssen.

Ein wesentlicher Fortschritt bezieht sich auf die Kombination von Wörtern zu einem Satz und auf die schrittweise Erweiterung der Satzlänge. Am Anfang ihres Spracherwerbs sprechen Kinder meist in Ein-Wort-Sätzen; diese drücken aber oft ganze Satzbedeutungen aus (Holophrasen): So kann das Wort »Auto« z. B. bedeuten: »Das ist mein Auto!« oder »Gib mir das Auto!« oder »Papa fährt mit dem Auto weg.« (Welling 2006; Tracy 2008).

Im nächsten Schritt kombinieren Kinder zwei und dann drei Wörter in einer Art Telegrammstil miteinander. Die Struktur besteht in der Regel aus Subjekt – Objekt – Verb, wobei das Verb in der Grundform und am Satzende steht (z. B. »Papa Auto fahren«). Artikel und andere Funktionswörter (z. B. »das Auto«), Hilfsverben (»will Auto fahren«), Ableitungs- und Flexionsmorpheme (z. B. »fährt«) fehlen dabei. Ein qualitativer Sprung erfolgt ab etwa 2;6 Jahren, wenn das Kind das Verb beugt und an die richtige Satzposition stellt (z. B. »Papa fährt Auto.«). Die Trennung von Verben (die sogenannte »Verbklammer«) (z. B. in dem Satz »Papa fährt mit dem Auto weg«) gelingt Kindern bereits im Alter von drei Jahren. Gleichzeitig werden zunehmend Funktionswörter wie Artikel und Präpositionen verwendet; außerdem lernen Kinder jetzt auch die Bildung des Perfekts (z. B. »Gestern habe ich Fußball gespielt.«). Mit etwa vier Jahren haben Kinder die wesentlichen Satzkonstruktionen ihrer Muttersprache erworben (Grießhaber 2005; Kemp/Bredel/Reich 2008; Mackowiak/Löffler 2010; Weinert/Grimm 2012).

Bis zum Beginn der Schulzeit wird das Kasussystem ausgebaut; Nominativ und Akkusativ können bereits im dritten Lebensjahr differenziert werden (z. B. »Der Apfel schmeckt.« vs. »Ich mag den Apfel.«). Dativ und Genitiv werden erst später erworben; der Genitiv meistens nicht vor dem sechsten Lebensjahr (Welling 2006; Tracy 2008).

Wortbildung (Morphologie)	Satzbau (Syntax)
• Bildung von Ein- und Mehrzahl (Numerus), z. B. »Haus – Häuser« • Beachtung des Falls (Kasus), z. B. »der Ball rollt, den Ball kaufen« • Nutzung des richtigen Artikels (Genus), z. B. »der Apfel – das Messer – die Banane« • Flexion der Verben, z. B. »ich gehe, du gehst, er geht« • Bildung von Zeitformen (Tempus), z. B. »er geht – er ging – er ist gegangen«	Erwerb von: • Haupt- vs. Nebensätzen, z. B. »Wenn es regnet, gehen wir nicht raus.« • Aktiv- vs. Passivsätze, z. B. »Die Katze jagt die Maus.«; »Die Mutter wird vom Kind gefüttert.« • Relativsätzen, z. B. »Der Hund, den wir gestern gesehen haben, …« • Temporalsätzen, z. B. »Bevor du spielen kannst, musst du zuerst aufräumen.« • Konditionalsätzen, z. B. »Wenn es hell wird, fährt Papa mit dem Auto zur Arbeit.«

Tab. 4.2: Wesentliche Aspekte der Wortbildung (Morphologie) und des Satzbaus (Syntax) in Anlehnung an Jampert/Zehnbauer/Best/Sens/Leuckefeld/Laier (2009)

Beim Regelerwerb zeigen sich anfangs oft entwicklungstypische Überdehnungen der Regeln (Übergeneralisierungen), wie z. B. »gegeht« (analog zu »gespielt«) statt »gegangen«, sowie regelhafte Vereinfachungen (Welling 2006).

Auffälligkeiten: Kinder mit Sprachentwicklungsauffälligkeiten zeigen über das Alter von vier Jahren hinaus vor allem folgende Symptome (Motsch 2004):
- fehlende Subjekt-Verb-Kongruenz (z. B. »Tom Hause gehe.«);
- fehlerhafte Genusmarkierung (z. B. »Ich hole die Auto.«);
- fehlerhafte Kasusmarkierung (z. B. »Ich schenke ihn das Auto.«);
- fehlerhafte Pluralmarkierung (z. B. »die Apfeln«);
- fehlerhafte Verbstellung im Haupt- bzw. Nebensatz (z. B. »Hase Mohrrübe knabber«);
- Auslassungen vor allem von Artikeln und Präpositionen (»Ich geh' Hause.«).

Bis zum Eintritt in die Grundschule haben die meisten sprachentwicklungsauffälligen Kinder die Verbstellung sowie das richtige Konjugieren der Verben erlernt. Schwächen zeigen sich allerdings weiterhin in der Vollständigkeit der Sätze (z. B. fehlen Artikel und Präpositionen).

4.2.4 Entwicklung der Interaktion und Kommunikation (Pragmatik)

Auf dieser Ebene geht es um den Erwerb kommunikativer Kompetenzen. Diese zeigen sich bereits vorsprachlich in Form von Blicken, Gesten und Handlungen in der Interaktion mit den Bezugspersonen. Später zeigen sie sich vor allem in der Fähigkeit, unterschiedliche Kommunikations- und Gesprächsformen situations- und kontextangemessenen zu beherrschen und dabei verschiedene verbale und nonverbale Kommunikationsmittel einzusetzen sowie zu verstehen (Jampert/Zehnbauer/Best/Sens/Leuckefeld/Laier 2009; Weinert/Grimm 2012).

Bereits mit ein bis zwei Jahren können Kinder Fragen beantworten und Informationen einholen; im Alter von drei Jahren können Kinder in der Regel Dialoge eröffnen und aufrechterhalten sowie die Perspektive des Zuhörers einnehmen (Kany/Schöler 2010; Kannengieser 2012). Im Rollenspiel werden rollenbezogene sprachliche Muster angewendet und Sprechhandlungen ausgeübt (Andresen 2011). Im Vorschulalter lernen Kinder zudem typische Abläufe (Schemata, typische Skripts) von Geschichten, sodass sie diese oder ein Erlebnis nacherzählen können.

Erst im Alter von vier bis sechs Jahren erwerben Kinder metakommunikative Kompetenzen; sie kommentieren Gespräche oder hinterfragen sprachliche Handlungen (z. B. »Das kann ich dir nicht erklären«; »Ich muss dir jetzt eine Frage stellen«). Die sogenannte »empathische Gesprächsführung« sowie die Fähigkeit, komplexe Ereignisse wiederzugeben, entwickeln sich erst im Schulalter. Kinder können dann die Perspektive des Gegenübers noch besser berücksichtigen und verstehen auch Witz und Ironie besser (Kany/Schöler 2010; Kannengieser 2012).

Entwicklungstypisch ist, dass Kinder bis zum Vorschulalter noch nicht in jedem Fall ihre Redebeiträge aufeinander beziehen oder den Wissensstand des Gegenübers berücksichtigen können (Lohaus/Vierhaus 2013).

Auffälligkeiten: Die Merkmale einer sprachlichen Auffälligkeit im Bereich der Pragmatik sind sehr vielfältig. Beispielhaft zu nennen wären Fehlinterpretationen der nonverbalen Kommunikation, Einschränkung der kommunikativen Aufmerksamkeit, Distanzlosigkeit in der Kommunikation, Wiederholungen (Redundanz) von Gesprächsbeiträgen, Stereotypien sowie fehlende Einordnung von Wichtigem gegenüber Unwichtigem. Auffällig ist auch, wenn Kinder im Alter von etwa drei Jahren keine Fragen stellen. All dies sind aber keine eindeutigen Symptome (Kany/Schöler 2010; Kannengieser 2012).

4.2.5 Analyse sprachlicher Strukturen (metasprachliche Kompetenz)

Metasprachliche Kompetenz beinhaltet das Wissen über sprachliche Einheiten (z. B.: Was ist ein Wort, eine Silbe, ein Laut?), über die formale Struktur der Sprache (z. B.: Welches Wort ist länger: »Zug – Lokomotive«?) sowie die Beziehung von Ausdruck und Inhalt. Es ist die Fähigkeit, über Sprache nachzudenken und ihre formalen (nicht inhaltlichen) Eigenschaften zu analysieren. Kinder unterscheiden sich hier beträchtlich. Erste Hinweise auf metasprachliches Wissen zeigen sich mit zwei bis drei Jahren, wenn Kinder ihre Äußerungen selbst korrigieren; allerdings ist unklar, ob dies bewusst und absichtsvoll geschieht (dies ist eigentlich erst im Vorschulalter möglich) oder eher als Vorläuferfähigkeit zu bewerten ist (Kany/Schöler 2010).

Eine wesentliche Teilfähigkeit wird mit dem Begriff der »phonologischen Bewusstheit« umschrieben. Darunter wird die Fähigkeit verstanden, sich vom Inhalt der Sprache zu lösen und sich auf die lautliche Struktur zu konzentrieren. Wird ein Kind aufgefordert zu benennen, welche der drei Wörter »Haus – Maus – Bär« ähnlich klingen, so antwortet es »Maus und Bär«, wenn es sich auf den Inhalt bezieht (Tiere). Kann das Kind bereits formale – also hier lautliche – Aspekte berücksichtigen, wird es richtigerweise »Haus und Maus« antworten. Die phonologische Bewusstheit wird als wesentliche Vorläuferfähigkeit für den Schriftspracherwerb angesehen (Mackowiak/Löffler 2010).

Die phonologische Bewusstheit kann in zwei Bereiche aufgeteilt werden: Im weiteren Sinne schließt sie die Fähigkeit ein, Wörter in Silben zu gliedern und Reime zu erkennen bzw. zu bilden. Erst mit dem Schriftspracherwerb entsteht die Notwendigkeit, Wörter in Laute zu gliedern (Lautanalyse) und Laute zu Wörtern zusammenzuziehen (Lautsynthese). Diese Fähigkeit, also der Umgang mit einzelnen Lauten, stellt die phonologische Bewusstheit im engeren Sinne dar. Auf einem höheren Niveau gehört auch die Fähigkeit, lange und kurze Vokale zu differenzieren, zur phonologischen Bewusstheit; diese Fähigkeit entwickeln Kinder aber erst im weiteren Verlauf des Schriftspracherwerbs (Mannhaupt/Jansen 1989).

Auffälligkeiten: Der Erwerb metasprachlicher Kompetenzen hängt nach Meinung vieler Forscher/innen (ebenso wie die Pragmatik) wesentlich vom kognitiven Entwicklungsstand ab. Spezifische Auffälligkeiten lassen sich kaum beschreiben. Es scheint vielmehr eine allgemeine Verzögerung der Entwicklung zu geben (Kany/Schöler 2010).

Wie deutlich geworden ist, muss bei der Sprachförderung geklärt werden, welche sprachliche(n) Ebene(n) betroffen ist/sind (vgl. Kap. 7). Auffälligkeiten können sich lediglich auf einer Ebene zeigen, was aber eher selten vorkommt. Häufig können die beobachteten Probleme unterschiedlichen sprachlichen Ebenen zugeordnet werden und müssen dann entsprechend bei der Förderung berücksichtigt werden (Dannenbauer 2002; Motsch 2004).

Diskussion 4.1: Eigene Erfahrungen mit sprachlichen Auffälligkeiten

Fragen: (ca. 15 min.)

Welche Sprachebene bereitet Ihrer Meinung nach die größten Probleme, wenn ein Kind sich mitteilen möchte?

Welche fällt Ihnen besonders schnell auf? Woran merken Sie Auffälligkeiten in diesem Bereich?

Übung 4.1: Analyse kindlicher Äußerungen auf den verschiedenen Sprachebenen (Sprachprobe) (vgl. Download-Bereich: 4 Übungen Erstspracherwerb)

Ziel:

Die Teilnehmer/innen lernen anhand konkreter kindlicher Äußerungen, »Fehler« zu identifizieren und den verschiedenen sprachlichen Ebenen zuzuordnen. Sie können außerdem ihre Erwartungen an die sprachlichen Kompetenzen von Kindern im Kindergarten- und Grundschulalter explizieren und reflektieren. Ein Austausch zwischen Erzieher/innen und Grundschullehrer/innen wird dabei angeregt.

Material:

Arbeitsauftrag und Materialien – vgl. Download-Bereich: Übung 4.1

Auftrag: (ca. 30 min.)

Bitte analysieren Sie zu viert (zwei Erzieher/innen und zwei Lehrer/innen) die Aussagen des Kindes und notieren Sie alle »Fehler«. Bitte versuchen Sie, die Fehler nach bestimmten Gesichtspunkten zu sortieren. Welche verschiedenen Sprachebenen lassen sich unterscheiden?

Bitte sammeln Sie, was Ihrer Meinung nach ein Kind im Kindergarten-/Grundschulalter im Bereich der Sprache können sollte?

Auswertung: (ca. 20 min.)

Die Ergebnisse werden im Plenum exemplarisch besprochen; zu jeder Sprachebene sollte mindestens ein Beispiel diskutiert werden. Unterschiedliche Erwartungen an die sprachlichen Kompetenzen der Kinder (vor allem zwischen Erzieher/innen und Lehrer/innen) werden diskutiert und gegebenenfalls anhand der Folien auf ihre Angemessenheit überprüft.

Sprachprobe von Tim (4;2 Jahre) mit Lösungen

Pädagogin	Kind	Lösung: Art der Fehler
»Oh, da sind wieder so viele Tiere.«	»Das ein Kier und das ein Kier.«	Syntaktisch: fehlendes Verb Phonologisch: [k] statt [t]
»Mhmm. Was ist das für ein Tier?«	»Äh. Eine Schlange und eine Kuh.«	Syntaktisch: unvollständiger Satz, aber passend zu geschlossener Frage
»Genau. Findest du noch ein Tier?«	»Ehe. Das sind Vogeln.«	Morphologisch: falsche (unregelmäßige) Pluralbildung (Übergeneralisierung)
[...]		
	»Wir haben alle funden. Wir haben vier Freunde. Ay. Wir mussen die Farben so machen, da#s# Winnie Puuh blau, und da#s# Edel hier.«	Morphologisch: falsche Perfektbildung Semantisch: fehlende Verben Morphologisch: falsche Artikel Phonologisch: [u] statt [ü]; lispeln; [d] statt [s]
»Aber da müssen alle Esel hin.«	»Da mussen alle E#s#el. Ha. Machen wir noch, den hier. Weil ich ja noch von den Tiga#s# komm.«	Syntaktisch: unvollständige Sätze Morphologisch: falsche Pluralbildung im Dativ (den Tigern) Semantisch: Wortphrase (»den hier«) Phonologisch: [u] statt [ü]; lispeln
Hmm. Hier?	Kchmekerlinge. Ja.	Syntaktisch: unvollständiger Satz Phonologisch: [kch] statt [sch]; [k] statt [t]

Anm.: #s# = gelispelt

4.3 Wie funktioniert der Spracherwerb?

Hinsichtlich der Frage, wie der Spracherwerb überhaupt funktioniert, liefern verschiedene Forschungsrichtungen unterschiedliche Antworten. Allgemein kann man nicht davon ausgehen, dass Kinder Sprache allein über Nachahmung oder Verstärkung lernen; auch einfache Analogiebildungen reichen als Erklärung nicht aus. Doch kann Sprache auch nicht als bewusst gesteuerter Problemlöseprozess aufgefasst werden; dazu lernen Kinder die Sprache viel zu früh und zu schnell. Vielmehr muss davon ausgegangen werden, dass Kinder eine angeborene Bereitschaft haben, Sprache zu erwerben; sie erkennen die Regularitäten der Sprache und nähern sich schrittweise durch interne kognitive Prozesse und durch entwicklungstypische Zwischengrammatiken und entsprechende Fehler langsam der Erwachsenensprache an (Weinert/Lockl 2008).

4.3.1 *Spracherwerbstheorien*

In der Literatur lassen sich unterschiedliche Modelle zur Erklärung des Spracherwerbs finden, die jeweils unterschiedliche Lernprozesse fokussieren (z. B. Welling 2006; Mackowiak/Löffler 2010):

Der *Nativismus* (nach Chomsky 1965, 1968) geht von einem angeborenen Spracherwerbsmechanismus aus; dies sind kognitive Strukturen, die das Lernen von Sprache ermöglichen. Dieser Mechanismus wird reifungsbedingt durch einen minimalen sprachlichen Input angeregt; die sprachlichen Strukturen der Umgebungssprache werden entdeckt, systematisiert und gelernt. Wortbedeutungen spielen ebenfalls eine Rolle, indem sie die Zuordnung von Wörtern zu den Wortarten über die Semantik erleichtern.

Lerntheoretische Ansätze (z. B. Skinner 1957) gehen davon aus, dass Sprache, wie jedes andere Verhalten auch, gelernt wird. Die grundlegenden Lernmechanismen sind dabei die Nachahmung sowie die (positive) Verstärkung durch Erwachsene (z. B. Lob). Kinder plappern gerade in den ersten Lebensjahren vieles nach, was die Eltern (oder andere Bezugspersonen) ihnen vorsprechen. Diese verstärken das kindliche Verhalten, indem sie positive Signale geben (z. B. Lächeln, Zustimmungsäußerungen).

Der *Kognitivismus* geht – mit Bezug auf Piaget (1982) – davon aus, dass der Spracherwerb mit der gesamten kognitiven Entwicklung in engem Zusammenhang steht. In der (sensomotorischen) Auseinandersetzung mit der Umwelt bildet das Kind Vorstellungen (Kognitionen) aus, die es nach und nach mit sprachlichen Symbolen verbindet. Denken und Sprechen hängen also eng zusammen: Für den Spracherwerb sind gewisse kognitive Fähigkeiten notwendig (z. B. das Abstraktionsvermögen); andererseits benötigen wir die Sprache für komplexe Denkvorgänge (z. B. beim Problemlösen). Wir erkennen beispielsweise, dass wir einen Sachverhalt noch nicht richtig verstanden haben, wenn wir ihn nicht in Worte fassen können.

Der *Interaktionismus* (z. B. Bruner 2002) stellt den Dialog zwischen Kind und Bezugsperson in den Vordergrund. Sprache wird in der Interaktion gelernt; ohne Bezugsperson(en) kann ein Kind die Sprache nicht erwerben. Unterstützend wirken wiederkehrende Situationen mit zugehörigen Sprachmustern (Formate), in denen das Kind durch gemeinsame Handlungen von der Sprache zur Kommunikation geführt wird (z. B. : »Wo ist der Ball? … Da ist er.«). Außerdem weist die an das Kleinkind gerichtete Sprache besondere Kennzeichen auf (»motherese«, »baby talk«). Die Bezugsperson greifen die kindlichen Äußerungen auf und erweitern diese; sie stellen viele Fragen, beziehen ihre Dialoge vor allem auf aktuelle Situationen (Hier-und-jetzt-Gespräche); sie nutzen einfache Satzmuster, sprechen in einer höheren Tonlage, variieren ihre Stimme und betonen entscheidende sprachliche Inhalte; außerdem sprechen sie langsamer und akzentuierter (Zollinger 1994; Papoušek 2001; Weinert/Grimm 2012).

Grundsätzlich kann man davon ausgehen, dass keiner dieser Ansätze allein den Spracherwerb erklären kann. So lernt das Kind seine ersten Wörter über die Nachahmung; allerdings lassen sich typische kindliche Konstruktionen wie »Papa Ball geben« oder »gegeht« damit nicht erklären, weil sie in der Erwachsenensprache so nicht vorkommen. Daher ist von einem Zusammenwirken unterschiedlicher Faktoren auszugehen, welche den Spracherwerb beeinflussen. Trotzdem ist es wichtig, seine eigenen theoretischen Vorannahmen über den Spracherwerb zu reflektieren, weil diese unsere Vorstellungen über einen abweichenden Spracherwerb und auch über Möglichkeiten der sprachlichen Unterstützung und Förderung beeinflussen.

Übung 4.2: Vorstellungen zum Spracherwerb und Konsequenzen für die Förderung (vgl. Download-Bereich: 4 Übungen Erstspracherwerb)

Ziel:

Die Teilnehmer/innen reflektieren (die eigenen) Vorstellungen zum Spracherwerb (Wie erwerben Kinder Sprache?) und die Konsequenzen, die diese für die Sprachförderung haben

Material:

Arbeitsauftrag und Materialien – vgl. Download-Bereich, Übung 4.2

Auftrag: (ca. 30 min.)

Bitte bearbeiten Sie zu viert die Aufgabe.

Stellen Sie sich ein Kind vor, das auf allen Ebenen der Sprache Probleme hat; es kann einige Laute noch nicht aussprechen, hat einen eingeschränkten Wortschatz, wählt falsche grammatikalische Formen und redet insgesamt eher wenig.

Wie würden Sie mit diesem Kind umgehen/die Sprachförderung gestalten, wenn Sie die folgende der vier vorgestellten theoretischen Positionen (pro Gruppe eine Erwerbstheorie) vertreten würden?

☐ Nativismus

☐ Lerntheorien

☐ Kognitivismus

☐ Interaktionismus

Auswertung: (ca. 20 min.)

Wenn möglich, sollten alle vier Erwerbstheorien vertreten sein. Die Gruppen stellen ihre Ergebnisse vor, Gemeinsamkeiten und Unterschiede in der Gestaltung der Sprachförderung werden analysiert. Die Teilnehmer/innen reflektieren ihre eigenen Vorstellungen und positionieren sich. Vor- und Nachteile der Perspektiven im Hinblick auf die Sprachförderung werden diskutiert.

Mögliche Lösungen für die vier Theorien/Positionen

Nativismus

- Eine Förderung ergibt wenig Sinn, weil Sprache sich durch Reifung entwickelt.
- Man kann wenig tun (außer minimaler sprachlicher Anregung) und nur hoffen, dass das Kind die Entwicklung (verspätet) nachholt.
- Vermutlich liegt ein genetisches oder neurobiologisches Problem vor.
- Eventuell könnte eine Empfehlung für einen Arztbesuch gegeben werden, um zu prüfen, ob die Sinnesorgane (Ohren/Hören) funktionieren.
- Erwachsene beobachten das Kind weiter.

Lerntheorien

- Erwachsene sind maßgeblich für den Spracherwerb verantwortlich.
- Erwachsene sprechen ganz viel mit den Kindern (Input); sie liefern korrekten Input, der von den Kindern nachgeahmt werden kann.
- Erwachsene verstärken richtige sprachliche Äußerungen (z. B. loben, sich freuen, das Kind anlächeln) und korrigieren die falschen Äußerungen indirekt durch korrekte Satzmuster.

Kognitivismus

- Kinder lernen Sprache in engem Zusammenhang mit ihren kognitiven Fähigkeiten. Diese werden in den ersten Lebensjahren über die aktive Auseinandersetzung mit der Umwelt entwickelt (sensomotorische Entwicklung).
- Erwachsene bieten vielfältige Möglichkeiten der Auseinandersetzung mit der Umwelt an (z. B. Funktionsspiel, Symbolspiel, Rollenspiel); nicht bei der Auseinandersetzung stören.
- Erwachsene benennen Objekte und Sachverhalte, um das Symbolsystem Sprache anzuregen.
- Erwachsene begleiten ihr eigenes und das Handeln der Kinder sprachlich.
- Erwachsene regen Kinder zum lauten Denken an (z. B. »Was machst du da gerade?« »Kannst du mir das erklären?«).

Interaktionismus

- Kinder erwerben Sprache in der Interaktion mit Erwachsenen.
- Erwachsene gestalten wiederkehrende Situationen, Spiele, Rituale mit den zugehörigen sprachlichen Mustern.
- Erwachsene passen ihre Sprache den kindlichen Fähigkeiten an (»baby talk«, »motherese«).

Literaturtipps zum Thema »Sprachentwicklung«
Szagun, G. (^{3}2010): Sprachentwicklung beim Kind. Ein Lehrbuch. Weinheim und Basel: Beltz.
Tracy, R. (^{2}2008): Wie Kinder Sprachen lernen. Und wie wir sie dabei unterstützen können. Tübingen: Francke.

5. Grundlagen der Sprachentwicklung: Zweitspracherwerb

Werner Knapp

Ziele der Fortbildung »Grundlagen der Sprachentwicklung: Zweitspracherwerb«
- Wecken eines Verständnisses für den Zweitspracherwerb (Gemeinsamkeiten/Unterschiede sowie Beziehungen zwischen Erst- und Zweitspracherwerb)
- Kennenlernen der Einflussfaktoren auf den Zweitspracherwerb und der Möglichkeiten der Einflussnahme
- Reflektieren der Chancen einer Erziehung zur Mehrsprachigkeit

5.1 Relevanz des Fortbildungsthemas

Oft wurde gedacht, dass Kinder eine zweite Sprache quasi automatisch lernen, wenn in ihrer Umgebung die zweite Sprache gesprochen wird. Manchen Kindern gelingt dies auch. Bei vielen Kindern genügt aber die zweitsprachliche Umgebung alleine nicht. In vielen wissenschaftlichen Untersuchungen wurde deutlich, dass Kinder mit einer anderen Erstsprache als Deutsch über unterdurchschnittliche Deutschkenntnisse verfügen, weniger häufig als deutsche Kinder das Gymnasium besuchen, dafür aber häufiger als deutsche Kinder die Schule ohne Abschluss verlassen. Eine entscheidende Ursache für mangelnden Schulerfolg sind geringe Kompetenzen in der Zweitsprache Deutsch. Da sich Sprachschwierigkeiten auf das Lernen in allen Fächern negativ auswirken, sind »perfekte« sprachliche Kompetenzen unbedingt erforderlich, um zu guten Schulleistungen zu gelangen.

Kinder mit einer anderen Erstsprache als Deutsch so zu fördern, dass ihre Kompetenzen denen von Muttersprachlern entsprechen, ist eine schwierige Aufgabe. Dazu gehört eine den Spracherwerb unterstützende Lernumgebung. Um diese Aufgabe erfolgreich bewältigen zu können, benötigt man gute Kenntnisse des Prozesses des Zweitspracherwerbs sowie des Unterschieds zwischen dem Erstspracherwerb und dem Zweitspracherwerb. Wenn man die Einflussfaktoren kennt, die den Zweitspracherwerb bestimmen, kann man sich überlegen, wie man auf den Zweitspracherwerb einwirken und die Lernumgebung entsprechend gestalten kann. Wichtig ist auch, das Verhältnis des Erstspracherwerbs zum Zweitspracherwerb zu kennen und dementsprechend nach Möglichkeit auch erstsprachliche Kompetenzen zu fördern oder zumindest zu berücksichtigen.

5.2 Was versteht man unter Zweitspracherwerb?

Übung 5.1: Unterschiede zwischen Erst- und Zweitspracherwerb (vgl. Download-Bereich: 5 Übungen Zweitspracherwerb)

Ziel:

Die Pädagog/innen sammeln zu Beginn dieser Fortbildung institutionenübergreifend ihr Vorwissen und ihre Vorerfahrungen zum Thema »Zweitspracherwerb«.

Material:

Flipchart

Arbeitsauftrag – vgl. Download-Bereich: Übung 5.1

Auftrag: (ca. 20 min.)

Bitte überlegen Sie in vier Gruppen (zusammengesetzt aus Erzieher/innen und Grundschullehrer/innen) und notieren Sie Ihre Ergebnisse auf einer Flipchart:

- Welche Unterschiede gibt es zwischen dem Erstspracherwerb und dem Zweitspracherwerb?
- Verläuft der Zweitspracherwerb identisch mit dem Erstspracherwerb, aber bloß später?

Auswertung: (ca. 10 min.)

Die Ergebnisse werden kurz gesammelt und kommentiert, im weiteren Verlauf der Fortbildung dann detailliert bearbeitet.

Mögliche Lösungen für die Unterschiede

Erstspracherwerb	Zweitspracherwerb
• Erwerbsbeginn von Geburt an (Einflüsse bereits vor Geburt) • Sprach- und Denkentwicklung verlaufen parallel • Sprachlernen durch Interaktion mit Bezugspersonen – gleichzeitig Identitätsbildung • Alle Sprachkompetenzen müssen neu erworben werden. • Ergebnis: fast immer der vollständige Erwerb	• Erwerbsbeginn ab frühestens einem Alter von drei Jahren • kognitive Entwicklung bereits fortgeschritten • Emotionaler Anteil und Identitätsfaktoren müssen nicht gegeben sein (je nach Erwerbskontext). • Wesentliche Sprachkompetenzen sind in Erstsprache vorhanden, auf die aufgebaut werden kann – Analogien und Übertragungsfehler. • Ergebnis: Erwerb kann in jedem Stadium abbrechen – Erfolg hängt von vielen Faktoren ab (Motivation, Sprachvermögen und -zugang)

Unter dem Zweitspracherwerb im weiteren Sinne versteht man den Erwerb jeder zweiten Sprache ab einem Alter von etwa drei Jahren (Ahrenholz 2008, auch zu den folgenden Ausführungen). Man differenziert zwischen dem kindlichen oder frühen Zweitspracherwerb bis zur Pubertät und dem Zweitspracherwerb Erwachsener nach der Pubertät.

Der Prozess des Zweitspracherwerbs unterscheidet sich in mehrfacher Hinsicht vom Prozess des Erstspracherwerbs. Wenn ein Kind die Sprache lernt, lernt es damit auch das Denken. Der Erwerb des Denkens und der Erwerb der Sprache hängen in einem wechselseitigen Prozess sehr eng zusammen und beeinflussen sich gegenseitig. Wenn ein Kind die Bedeutung der Adjektive »heiß« und »kalt« erwirbt, lernt es dabei auch auf kognitiver Ebene die Gegensatzrelation. Wenn ein Kind in Erzählungen »und dann« hört oder sagt, lernt es dabei die zeitliche Strukturierung der Welt. Beim Zweitspracherwerb ist diese kognitive Entwicklung schon weit fortgeschritten oder abgeschlossen.

Die Erstsprache lernt das Kind meistens durch Personen, mit denen es emotional sehr stark verbunden ist. Dies sind die Eltern, Geschwister, Verwandte oder andere Bezugspersonen, die in einem engen Kontakt mit dem Kind stehen. Wenn die Erstsprache auch als Muttersprache bezeichnet wird, so wird damit der familiäre Kontext hervorgehoben, in dem sich der Spracherwerb abspielt, und auf die emotionale Dimension des Spracherwerbs verwiesen. Wesentliches Merkmal des Erstspracherwerbs ist auch, dass die frühe Identitätsentwicklung damit einhergeht.

Wenn der Erwerb der zweiten Sprache beginnt, verfügt der Lernende schon über lautliche Muster, über einen Wortschatz, über grammatische Strukturen, über pragmatische Fähigkeiten (z. B. Erzählen, Bitten, Danken, Grüßen). Diese kognitiven Strukturen können den Zweitspracherwerb begünstigen (Analogien), sie können ihn aber auch stören, wenn erstsprachliche Muster auf die zweite Sprache übertragen werden, obwohl die Struktur der zweiten Sprache sich von der der ersten Sprache unterscheidet (Kontraste, Übergeneralisierungen).

Ein entscheidender Unterschied zwischen dem Erstspracherwerb und dem Zweitspracherwerb besteht darin, dass der Erstspracherwerb nahezu immer zum vollständigen Erwerb der Zielsprache führt, der Zweitspracherwerb aber in jedem Stadium abbrechen kann.

Wenn Kinder in einem Alter unter drei Jahren zwei oder mehrere Sprachen lernen, spricht man vom bilingualen Spracherwerb. Das Lernen beider oder mehrerer Sprachen geht mit der kognitiven Entwicklung einher.

In der Fachliteratur wird unterschieden zwischen dem Zweitspracherwerb – hier im engeren Sinne – und dem Fremdspracherwerb. Vom Fremdspracherwerb spricht man, wenn eine andere Sprache als die Verkehrssprache im eigenen Land gelernt wird, also wenn in Deutschland Englisch oder in Italien Deutsch (Deutsch als Fremdsprache, abgekürzt: DaF) gelernt wird. Unter Zweitspracherwerb dagegen versteht man, wenn man als zweite Sprache diejenige lernt, die in der Umgebung gesprochen wird, also wenn eine Türkin in Deutschland Deutsch lernt (Deutsch als Zweitsprache, abgekürzt: DaZ) oder ein Deutscher in Griechenland Griechisch lernt.

Unterschieden wird ferner zwischen dem gesteuerten und dem ungesteuerten Zweitspracherwerb. Vom ungesteuerten Zweitspracherwerb spricht man, wenn jemand in einem fremden Land die Landessprache lernt, ohne eine Anleitung zu bekommen oder einen Kurs zu besuchen. Als in den 1960er-Jahren die ersten Arbeitsmigranten nach Deutschland kamen, erwarben sie häufig ungesteuert Deutsch als Zweitsprache. Ihre Sprache können wir leicht als »foreigner talk« oder »Gastarbeiterdeutsch« erkennen und ähnlich imitieren, so wie wir die Sprache kleiner Kinder imitieren können. Typische Merkmale sind beispielsweise Infinitivformen (»ich kaufen Auto«), Verbendstellung (»meine Tochter gern Schule gehen«), Auslassen der Artikel (»ich esse Banane«) oder fehlerhafte Deklination (»ich möchte eine Brot«).

Über den ungesteuerten Spracherwerb wissen wir, dass er nach etwa zwei bis drei Jahren abbricht, unabhängig davon, welcher Sprachstand erreicht wurde. Man spricht hier von einer Stagnation oder Fossilierung. Erst wenn besondere Anlässe eintreten (z. B. eine neue berufliche Aufgabe oder Kennenlernen einer neuen Partnerin), wird der Erwerbsprozess wieder vorangetrieben.

5.3 Einflussfaktoren auf den Zweitspracherwerb

Der Zweitspracherwerb wird von den drei Faktoren Motivation, Sprachvermögen und Zugang bestimmt (Klein 1992, auch für die folgenden Ausführungen). Die *Motivation*, eine zweite Sprache zu lernen, kann sehr unterschiedlich sein. Sie hängt maßgeblich von der Integration in eine soziale Gruppe und den daraus resultierenden kommunikativen Bedürfnissen ab. Vor allem bei kleinen Kindern spielt die emotionale Qualität der Beziehungen eine große Rolle. Die Motivation wird durch Einstellungen zur Sprache, die gelernt wird, sowie zum sprachlichen Lernen beeinflusst. Hierbei wirkt die Erziehung, durch die eine hohe Bedeutung des (sprachlichen) Lernens bzw. einer erfolgreichen Bildung vermittelt werden kann. Wenn in der Familie mehrere Sprachen gesprochen werden und ein sprachenfreundliches Umfeld existiert, wird die Motivation zum Lernen einer Sprache begünstigt. Auf die Motivation kann sich auch auswirken, welche Wertschätzung die Herkunftssprache – und damit indirekt die Menschen – mit dieser Herkunftssprache genießen. Ein hohes Prestige der Herkunftssprache wirkt sich tendenziell positiv aus.

Das *Sprachvermögen* ist die Fähigkeit, Sprache zu verarbeiten und zu lernen. Jeder Mensch ist mit einem Sprachvermögen ausgestattet, wozu biologische Determinanten wir der Artikulationsapparat, Ohren und Gehirn gehören. Zum Sprachvermögen gehört auch das Wissen, das für die Rezeption und Produktion von sprachlichen Äußerungen erforderlich ist. Es besteht unter anderem aus der Kenntnis der Phonologie, Morphologie, Syntax von Wörtern und deren Bedeutung, der Arten, mit Sprache zu handeln (Pragmatik), sowie dem Kontextwissen, das die rein sprachliche Information ergänzt. Wenn die Situation eindeutig ist (z. B. Kauf eines Brotes beim Bäcker) kann die Kommunikationsaufgabe mit wenig sprachlichem Wissen aufgrund des Kontextwissens gelöst werden. In dekontexualisierten Situationen (z. B. Schreiben eines Briefes) ist umfangreiches sprachliches Wissen erforderlich.

Der *Zugang* besteht aus den beiden Komponenten Input (Eingabe) und Kommunikationsmöglichkeit. Der Input besteht bei der gesprochenen Sprache aus dem Schallstrom und bei der geschriebenen aus den Schriftzeichen, wobei Parallelinformationen (Kontext) das Verständnis ermöglichen bzw. erleichtern. Der Input kann im Hinblick auf die Ebenen der Sprache unterschiedlich erfolgen. Auf der Ebene der Phonologie kann beispielsweise langsam oder schnell, deutlich oder wenig artikuliert, laut oder leise, in hoher oder tiefer Tonlage gesprochen werden. Auf morphologischer Ebene kann korrekt oder inkorrekt konjugiert (»ich gehe«, »ich gehen«) oder dekliniert (»ich kaufe ein Brot«, »ich kaufe eine Brot«) werden; es können auch schwierige Formen vermieden werden. Auf syntaktischer Ebene können einfache oder komplexe Sätze gebildet werden. Der Wortschatz kann differenziert sein oder aus Allerweltswörtern bestehen. In Kommunikationen können bestimmte Themen bevorzugt oder vermieden werden. Wenn etwas nicht verstanden wurde, kann man nachfragen oder auch nicht.

Der Zugang zur Sprache wird maßgeblich durch die Kommunikationsmöglichkeiten bestimmt. Je besser die Kommunikationsmöglichkeiten sind, umso leichter lässt sich eine Sprache erlernen. Bei der Arbeit in der Fabrik oder auf der Baustelle, vor allem wenn der Lärmpegel hoch ist, lässt sich schlecht kommunizieren. In der Kindertagesstätte und in der Schule gibt es oft gute Kommunikationsmöglichkeiten. Wenn aber ein schüchternes Kind schlecht Deutsch spricht, können seine Kommunikationsmöglichkeiten stark eingeschränkt sein.

> **Diskussion 5.1: Einflussnahme auf Faktoren beim Zweitspracherwerb**
>
> *Frage:* (ca. 15 min.)
> Wie können Sie als Erzieher/innen und Lehrpersonen den Zweitspracherwerb von Kindern positiv beeinflussen?

5.4 Erwerbsbedingungen beim Zweitspracherwerb

Bedingungen unterschiedlicher Art beeinflussen Geschwindigkeit und Erfolg des Zweitspracherwerbs. Hier werden ohne Anspruch auf Vollständigkeit einige Erwerbsbedingungen angesprochen. Nicht ganz geklärt ist die Rolle des Alters, in dem der erste Kontakt mit der Zweitsprache stattfindet. Oft wird angenommen, dass Kinder besonders schnell eine Sprache lernen können. Allerdings ist dabei zu beachten, dass viele Kinder, die zur Schule gehen, wesentlich bessere Voraussetzungen haben als viele Eltern, die in der Industrie oder Landwirtschaft arbeiten. Kindern fällt es im Allgemeinen besonders leicht, die Aussprache einer anderen Sprache zu lernen. Erwachsene dagegen durchdringen grammatische Strukturen schnell, insbesondere wenn sie schon mehrere Sprachen beherrschen und über explizites grammatisches Wissen verfügen. Gemäß der Interdependenzhypothese von Cummins (1979) wirken sich gute erstsprachliche Kenntnisse positiv auf den Zweitspracherwerb aus. Wenn in der Familie mehrere Sprachen gesprochen werden und dem sprachlichen Lernen eine hohe Bedeutung zugemessen wird, kann man von einem positiven Einfluss ausgehen. Schwer zu beantworten ist die Frage, ob es leichter ist, eine Sprache zu lernen, die der eigenen sehr ähnlich ist, oder eine, die große Unterschiede zur Erstsprache aufweist. Wenn ein Deutscher Italienisch lernt, so gibt es viele Ähnlichkeiten in Wortschatz und Grammatik, insbesondere wenn auch noch Latein, Englisch oder eine romanische Sprache beherrscht wird, die das Lernen der Fremdsprache erleichtern. Ähnliche Strukturen führen aber auch leicht zu Verwechslungen. So stellt sich die Frage, ob die Nähe der Sprachen wirklich eine Erleichterung darstellt, insbesondere, wenn eine hohe Kompetenz angestrebt wird. Auf der anderen Seite kann eine Distanz zwischen den beiden Sprachen auch eine Hilfe darstellen. So fällt es deutschen Lernern der türkischen Sprache nicht schwer, die Verbendstellung zu realisieren, obwohl im Deutschen eine Verbzweitstellung im einfachen Satz gilt.

> **Diskussion 5.2: Erfolg beim Zweitspracherwerb**
>
> *Fragen:* (ca. 15 min.)
>
> Warum lernen Kinder in drei Jahren Kindergartenzeit nicht immer ausreichend Deutsch als Zweitsprache?
>
> Warum reicht die alltägliche Kommunikation in der Grundschule nicht aus, um so gut Deutsch als Zweitsprache zu lernen, dass man dem Unterricht problemlos folgen und sich ohne Einschränkungen angemessen ausdrücken kann?
>
> Warum verläuft der Zweitspracherwerb nicht immer erfolgreich?

5.5 Ebenen und Stufen des Zweitspracherwerbs

Die Ebenen des Zweitspracherwerbs sind dieselben wie beim Erstspracherwerb (vgl. Kap. 4), also:
- Wahrnehmung und Artikulation von Lauten (Phonologie & Prosodie),
- Erwerb von Wörtern und ihrer Bedeutung (Lexik & Semantik),
- Entwicklung einer Grammatik auf Wort- und Satzebene (Morphologie & Syntax),
- Nutzung der Sprache zur Interaktion und Kommunikation (Pragmatik) sowie
- Analyse sprachlicher Strukturen (metasprachliche Kompetenz).

Fortschritte des Zweitspracherwerbs lassen sich auf der Ebene der Grammatik, insbesondere der Syntax, besonders gut darstellen. Es können fünf Erwerbsstufen unterschieden werden (Tab. 5.1):

Stufe	Beschreibung	Beispiel
Stufe 0	unvollständige Sätze ohne Verb oder mit infinitem Verb am Ende	ich spielen
Stufe 1	einfache Wortstellung Subjekt – Verb – Objekt; Verbzweitstellung mit finitem Verb	der Junge spielt Ball
Stufe 2	Trennung von finitem Verb und infiniten Verbteilen: Satzklammer	der Junge hat Ball gespielt

Stufe	Beschreibung	Beispiel
Stufe 3	Voranstellung von Adverbialen; Inversion (Vorziehen des Verbs vor das Subjekt)	dann hat der Junge Ball gespielt
Stufe 4	Bildung von Nebensätzen mit Endstellung des flektierten Verbs	…, weil der Junge gespielt hat

Tab. 5.1: Erwerbsstufen zur grammatikalischen Entwicklung (Grießhaber 2005, S. 14; vgl. Knapp/Kucharz/Gasteiger-Klicpera 2010, S. 81)

Neben dieser Darstellung gibt es auch andere, die ihr ähnlich sind (z. B. Löffler 2011; für weitere Informationen zu den anderen Sprachebenen: Knapp/Kucharz/Gasteiger-Klicpera 2010).

5.6 Verdeckte Sprachschwierigkeiten

Die Schwierigkeiten, die Kinder aus Migrantenfamilien mit der deutschen Sprache haben, werden insbesondere in den ersten beiden Schuljahren der Grundschule häufig unterschätzt. Man spricht von »verdeckten Sprachschwierigkeiten« (Knapp 1999, auch im Folgenden). Kinder mit Schwierigkeiten in der deutschen Sprache verhalten sich im Unterricht oft unauffällig. Bei Dialogen zur Organisation der Tätigkeiten und Abläufe in der Klasse können sie den Sinn des Gesagten leicht aus der »sprechenden Situation« entnehmen. Wenn alle Kinder etwas anmalen oder in den Sitzkreis gehen, muss man nicht die explizite sprachliche Aufforderung verstehen, um ihr nachzukommen. In Dialogen zur Wissensvermittlung halten sich Kinder mit unzureichenden Deutschkenntnissen oft zurück. Wenn sie gefragt werden, können sie mit »ja«, »nein« oder »ich weiß es nicht« antworten oder in die Antwort Elemente der Frage integrieren. Für die Lehrperson bleiben sie relativ unauffällig. In Erzählsituationen halten sich Kinder mit Schwierigkeiten in der deutschen Sprache oft zurück. So bleiben die Sprachschwierigkeiten dieser Kinder verborgen. Dazu tragen – unbewusst – auch die Kinder selbst bei. Sie wenden sogenannte »Vermeidungsstrategien« an, indem sie Wörter und sprachliche Strukturen vermeiden, die sie nicht oder unsicher beherrschen. Man kann beispielsweise das Präteritum vermeiden und stattdessen Präsens oder Perfekt gebrauchen. Man kann darüber hinaus auch Situationen vermeiden, bei denen man Angst hat, bloßgestellt zu werden, oder Themen vermeiden, bei denen man über keinen ausreichenden Wortschatz verfügt, um darüber sprechen zu können.

Daneben gibt es auch noch Tarnstrategien, zu denen eine undeutliche Aussprache, schnelles Sprechtempo oder das Verschlucken von Endungen gehören. Manche Kinder versuchen mit den Äußerungen, die sie formulieren, den Eindruck einer versierten Sprachbeherrschung zu vermitteln, obwohl diese nicht vorhanden ist.

Verdeckte Sprachschwierigkeiten zu erkennen, ist auch deshalb nicht einfach, weil die Lehrpersonen im Unterricht sich auf die zu vermittelnden Themen konzentrieren und ihr Augenmerk weniger auf die sprachlichen Formen richten. Außerdem sind sie damit in Anspruch genommen, einen geregelten Unterrichtsablauf zu organisieren. Die Unerfahrenheit von vielen Lehrpersonen in der Diagnose sprachlicher Kompetenzen trägt ebenso dazu bei, dass Sprachschwierigkeiten leicht verdeckt bleiben können.

Im Unterrichtsalltag ist es wichtig, für die Problematik verdeckter Sprachschwierigkeiten sensibilisiert zu sein und die Kinder möglichst gezielt daraufhin zu beobachten. Bei jedem Kind mit Migrationshintergrund sollten folgende Fragen beantwortet werden:

- Gibt es wirklich klare Anzeichen dafür, dass das Kind ausreichend bzw. gut Deutsch spricht?
- Werden Verbformen korrekt konjugiert, auch im Präteritum?
- Werden Satzklammern (»Gestern haben wir draußen Fußball gespielt.«) korrekt realisiert?
- Werden Deklinationen korrekt realisiert?
- Beteiligt sich das Kind mit eigenen Beiträgen am Unterricht?

Wenn solche und ähnliche Fragen nicht klar bejaht werden können, sollten genauere Beobachtungen und eine Diagnostik durchgeführt werden, wobei auch externe Unterstützung durch Beratungslehrer/innen herangezogen werden kann.

5.7 Erziehung zur Mehrsprachigkeit

Kinder wachsen in einer mehrsprachigen Welt auf, und die fortschreitende Globalisierung der Welt, die zu erwartende Einwanderung, zunehmende Reisetätigkeit sowie häufigere Auslandsaufenthalte, die oft beruflich motiviert sind, tragen dazu bei, dass der Kontakt mit anderen Sprachen immer stärker wird. Insofern stellt die Erziehung zur Mehrsprachigkeit ein wichtiges Element der Arbeit in Kindertagesstätten und Grundschulen dar. Zunächst geht es darum, eine positive Einstellung zum sprachlichen Lernen zu vermitteln. Dazu gehören das Einbeziehen der Erstsprachen der Kinder und ihre positive Würdigung genauso wie das Aufgreifen und Akzeptieren fremdsprachlicher Äußerungen der Kinder. Selbstverständlich gehören auch alle Formen der Sprachaufmerksamkeit bezüglich der Phänomene der deutschen Sprache dazu.

Wenn die Möglichkeit besteht, die Erstsprache gezielt zu fördern, sollte diese unbedingt wahrgenommen werden, weil man davon ausgehen kann, dass sich gute erstsprachliche Kompetenzen positiv auf den Zweitspracherwerb auswirken. Ebenso sollten alle Möglichkeiten des frühen Fremdsprachunterrichts genutzt werden – auch für Kinder, die Deutsch als Zweitsprache sprechen. Das Lernen von Sprachen stellt für Kinder keine Belastung dar. Vielmehr begünstigt sprachliches Lernen in einer Sprache das Lernen von anderen Sprachen.

Literaturtipps zum Thema »Zweitspracherwerb«
Knapp, W./Kucharz, D./Gasteiger-Klicpera, B. (2010): Sprache fördern im Kindergarten. Weinheim und Basel: Beltz.
Knapp, W./Löffler, C./Osburg, C./Singer, K. (2011): Sprechen, schreiben und verstehen. Sprachförderung in der Primarstufe. Seelze: Kallmeyer, Kap. 3.

6. Sprachdiagnostik

Ziele der Fortbildung »Sprachdiagnostik«
- Kennenlernen der wesentlichen Ziele und Funktionen von (Sprach-)Diagnostik
- Kennenlernen unterschiedlicher Verfahren zur Sprachdiagnostik
- Erhebung einer Sprachprobe zur Analyse der sprachlichen Fähigkeiten eines Kindes
- Reflektieren der eigenen Aufgaben und Grenzen im Bereich der Sprachdiagnostik

6.1 Relevanz des Fortbildungsthemas

Pädagogische Diagnostik ist wesentlicher Teil der professionellen Arbeit von Lehrkräften (Staatsinstitut für Schulqualität und Bildungsforschung 2008); seit Einführung der Bildungs- und Orientierungspläne für den Elementarbereich ist sie zunehmend auch Bestandteil der Tätigkeit von Erzieher/innen (Kany/Schöler 2010).

Ziel jeder pädagogischen Diagnostik ist die Analyse der Lernvoraussetzungen, des aktuellen Lernstandes, der Lernweisen und Lernmöglichkeiten eines Kindes. Sie bildet die Grundlage professionellen pädagogischen Handelns und hilft bei einer auf die individuellen Bedürfnisse des Kindes abgestimmten Förderplanung und Förderung. Außerdem können mit ihr der Erfolg pädagogischer Interventionen überprüft und in der Folge weitere (Sprachförder-)Maßnahmen geplant werden (Kany/Schöler 2010; Knapp/Kucharz/Gasteiger-Klicpera 2010).

Pädagogische Diagnostik beschränkt sich nicht auf ein einmaliges Erfassen des Ist-Zustandes (beispielsweise im Bereich der Sprachenwicklung), sondern wird als Prozess verstanden; pädagogische Fachkräfte haben die Aufgabe, Kinder in ihrer Entwicklung zu begleiten und dabei kontinuierlich diagnostisch tätig zu sein.

Im Bereich der Sprache liefert die Diagnostik wichtige Informationen zur Beurteilung des Entwicklungsstandes auf allen Sprachebenen. Dabei sind Kenntnisse über den regelrechten Spracherwerb sowie Meilen- und Grenzsteine in der sprachlichen Entwicklung notwendig, um die Ergebnisse einordnen und daraus Maßnahmen ableiten zu können (Kany/Schöler 2010) (vgl. Kap. 4). Diagnostische Kompetenzen der pädagogischen Fachkräfte in Kindergarten und Schule bilden also eine wesentliche Voraussetzung für eine passgenaue alltagsintegrierte Sprachförderung jedes einzelnen Kindes.

In der ersten Fortbildung zum Thema »Sprachdiagnostik« werden die Funktionen und Ziele einer Sprachdiagnostik im Elementar- und Primarbereich erläutert sowie herausgearbeitet, was genau darunter verstanden wird und welche sprachdiagnostischen Kompetenzen von pädagogischen Fachkräften gefordert werden. Im zweiten Teil werden neben einem kurzen Überblick über verschiedene Arten von sprachdiagnostischen Instrumenten (Fragebögen, Beobachtungsbögen, eine Sprachprobe, Sprachtests) einzelne Verfahren beispielhaft vorgestellt, um die wesentlichen Prinzipien ihrer Anwendung, Auswertung und Interpretation zu veranschaulichen und teilweise auch zu erproben.

6.2 Definition und Ziele der Sprachdiagnostik

(Sprach-)Diagnostik wird als systematische Sammlung von Informationen zu einem bestimmten Thema (z. B. der Sprachentwicklung) verstanden. Ausgangspunkt jedes diagnostischen Prozesses ist eine spezifische Fragestellung bzw. ein spezifisches Ziel, beispielsweise die Klärung, ob ein Kind eine Sprachentwicklungsverzögerung oder -auffälligkeit hat (Knapp/Kucharz/Gasteiger-Klicpera 2010).

Mithilfe der Informationssammlung ist dann zu klären, a) wie die sprachlichen Leistungen eines Kindes im Vergleich zu anderen Kindern sind (Beschreibung), b) warum es zu möglichen Auffälligkeiten gekommen sein könnte (Erklärung) und c) welche Vorhersagen sich auf der Basis der bisherigen Informationen für den weiteren Entwicklungsverlauf machen lassen (Prognose) (Kany/Schöler 2010).

In Anlehnung an Horstkemper (2006) sprechen vier Gründe für die Notwendigkeit einer pädagogischen Diagnostik, die sich auf die Sprachdiagnostik übertragen lassen:

- *Passung:* Pädagogische Angebote oder auch der Unterricht sind insbesondere dann erfolgreich, wenn sie auf die Lernausgangslagen der Kinder abgestimmt sind.
- *Prävention:* Eine Identifikation von gefährdeten Kindern bietet die Möglichkeit, möglichst frühzeitig zu unterstützen.
- *Förderung begabter Kinder:* Auch Kinder mit besonderen Stärken (z. B. im Bereich der Sprache) können erkannt und gezielt gefördert werden.
- *Intervention:* Eine Förderung kann nur dann wirksam sein, wenn die (sprachlichen) Probleme genau identifiziert wurden.

Im Gegensatz zu oft zufälligen Wahrnehmungen und Beobachtungen, die im pädagogischen Alltag immer stattfinden, geht es bei diagnostischen Tätigkeiten darum, anhand transparenter Kriterien zu möglichst objektiven (also von der diagnostisch tätigen Person unabhängigen) und aussagekräftigen Einschätzungen zu kommen (Staatsinstitut für Schulqualität und Bildungsforschung 2008). Diese betreffen die Lernvoraussetzungen, die Lernprozesse, die Lernergebnisse und teilweise auch die Lernumwelten der Kinder. Folgende drei Leitfragen strukturieren den diagnostischen Prozess (Kany/Schöler 2010; Knapp/Kucharz/Gasteiger-Klicpera 2010):

- *Wozu soll diagnostiziert werden (Ziele)?* Hier steht in der Regel der Sprachentwicklungsstand im Vordergrund. Es ist zu klären, ob sich ein Kind altersgemäß entwickelt hat, in welchen Bereichen Auffälligkeiten (oder auch relative Stärken) zu verzeichnen sind und eventuell auch, worauf diese Einschränkungen zurückzuführen sind. In diesem Zusammenhang ist auch von Interesse, wofür die Ergebnisse genutzt werden: geht es um Selektionsentscheidungen (z. B. ob das Kind eine separate Sprachförderung benötigt oder eine Sprachheilschule besuchen soll), oder stehen eher Fragen zu Art und Umfang einer Förderung im Vordergrund (z. B. wie können Fördersituationen gestaltet werden, welche Materialien eigenen sich besonders?) (⇨ Selektions- vs. Förderdiagnostik)? Ein weiteres Ziel liegt in der Überprüfung der Wirksamkeit von Fördermaßnahmen (⇨ Evaluation).
- *Was soll diagnostiziert werden (Inhalte)?* Im Rahmen der Sprachstandsbestimmung ist differenziert zu klären, auf welchen sprachlichen Ebenen das Kind welche Leistungen zeigt (vgl. Kap. 4). Bei Kindern mit Migrationshintergrund sind zudem gegebenenfalls die Sprachentwicklung in der Erstsprache und die Dauer des Kontaktes mit der deutschen Sprache bei der Einschätzung der Ergebnisse zu berücksichtigen. Neben den sprachlichen Auffälligkeiten sollten dabei immer auch die Stärken des Kindes mit erhoben werden (⇨ defizit- vs. ressourcenorientierte Diagnostik).
- *Wie soll diagnostiziert werden (Methoden)?* Je nach Zielsetzung und Fragestellung kann das diagnostische Handeln unterschiedlich aussehen und spezifische Methoden erfordern. So könnte es bei der Klärung der Lernumwelt sinnvoll sein, die Eltern zu befragen; ist noch unklar, in welchen Bereichen die sprachlichen Auffälligkeiten des Kindes liegen, kann eine Sprachprobe oder der Einsatz eines Sprachtests Aufschluss über die kindlichen Fähigkeiten auf den verschiedenen Sprachebenen geben. Grundsätzlich kann man unterscheiden zwischen einer standardisierten Diagnostik, die bestimmte Gütekriterien erfüllt und normorientiert ist (d. h. Vergleichswerte für die Bezugsgruppe liefert), und einer eher informellen Diagnostik, die in der Anwendung und Auswertung sehr viel mehr Spielraum lässt, aber manchmal auch weniger eindeutige Ergebnisse liefert (⇨ standardisierte vs. informelle Diagnostik).

> **Diskussion 6.1: Einstieg in das Thema »Diagnostik«**
>
> *Fragen:* (ca. 15 min.)
>
> Warum ist es wichtig, dass Sie die Sprachkompetenzen von Kindern einschätzen können?
>
> Was sind Ihre Aufgaben im Bereich der Diagnostik, wofür sind andere zuständig?
>
> Welche diagnostischen Verfahren setzen Sie in Ihrer Einrichtung (nicht) ein? Warum?

6.3 Diagnostische Methoden und erforderliche Kompetenzen

Um ein Gesamtbild von den Stärken und Schwächen eines Kindes zu erhalten, ist der Einsatz unterschiedlicher diagnostischer Verfahren sinnvoll. Dabei lassen sich drei zentrale Methoden unterscheiden, die in pädagogischen Settings Anwendung finden: 1. Befragung, 2. Beobachtung, 3. Testung.

6.3.1 Befragung

Die Befragung der Eltern (oder anderer Bezugspersonen des Kindes) ermöglicht einen Einblick in die bisherige Sprachentwicklung des Kindes sowie in sprachrelevante Bedingungen in der Familie (z. B. die Verfügbarkeit von Büchern, Spielen etc., Rituale wie Vorlesen oder bestimmte, für die Sprachentwicklung bedeutsame Erziehungspraktiken). Zur Vereinheitlichung und Strukturierung dieser Elterngespräche werden oft Fragebögen (manchmal auch Interviewleitfäden) eingesetzt; auf diese Weise erhält man sehr systematisch Informationen zu den relevanten Themen. Allerdings sind diese Informationen fehleranfällig; So lassen sich Verhaltensweisen, die länger zurück liegen und retrospektiv berichtet werden, nicht immer genau rekonstruieren. Auch kann es sein, dass diese indirekte Art der Informationssammlung mit den direkten Beobachtungen nicht übereinstimmt (z. B. weil Ereignisse im Rückblick positiver berichtet werden oder weil die Eltern Situationen anders interpretieren). Befragungen sind also immer subjektiv, Studien zeigen aber, dass sie trotzdem gut genutzt werden können, um den Verlauf des Spracherwerbs beschreiben und vorhersagen zu können (Kany/Schöler 2010). Oft werden sie auch als erstes Screening verstanden (z. B. im Rahmen der U-Untersuchungen), um Risikokinder zu identifizieren. In diesem Fall muss dann eine weitere diagnostische Abklärung mit differenzierteren Verfahren erfolgen.

6.3.2 Beobachtung

Die Vorteile von Beobachtungsverfahren liegen in der direkten Erfassung des kindlichen Verhaltens in konkreten Alltagssituationen. Beobachtungen können jederzeit und über einen längeren Zeitraum wiederholt durchgeführt werden und lassen sich flexibel an die jeweilige Situation anpassen (Knapp/Kucharz/Gasteiger-Klicpera 2010).

Im Unterschied zur Alltagbeobachtung muss eine professionelle Beobachtung im Rahmen eines diagnostischen Prozesses bestimmten Standards genügen. Sie sollte mit einer bestimmten Zielsetzung systematisch durchgeführt werden, und die Ergebnisse sollten unabhängig von dem/der Beobachter/in (also objektiv) sowie im Team besprechbar und intersubjektiv überprüfbar sein. Diese Kriterien sind in pädagogischen Settings nicht immer leicht zu realisieren (Kany/Schöler 2010). Da Beobachtungen von vielen Faktoren (z. B. von Erfahrungen, Erwartungen und dem Vorwissen) beeinflusst werden können, ist auch diese Art der Informationssammlung subjektiv. Unterschiedliche Personen kommen oftmals zu unterschiedlichen Ergebnissen bei ihren Beobachtungen.

Beobachtungsbögen erleichtern und formalisieren die Beobachtung und Dokumentation und erhöhen somit die Vergleichbarkeit und Aussagekraft der Ergebnisse. Inzwischen gibt es eine Reihe von Beobachtungsbögen für den Elementar- und Primarbereich. Diese beinhalten manchmal mehrere unterschiedliche Entwicklungsbereiche (u. a. auch die Sprache), es gibt aber auch speziell auf den Spracherwerb ausgerichtete Verfahren (vgl. Kap. 6.4.2). Ein Beispiel für ein informelles Beobachtungsverfahren ist die Erhebung einer Sprachprobe des Kindes (vgl. Kap. 6.4.3) (Kany/Schöler 2010).

6.3.3 Testung

Der Einsatz eines Tests ist im pädagogischen Alltag noch immer nicht selbstverständlich für die Sprachentwicklungsdiagnostik. Da die Testanwendung bestimmte Kompetenzen erfordert, die in der Ausbildung von Erzieher/innen und Lehrer/innen oft nicht thematisiert werden, fühlen sich viele pädagogische Fachkräfte dafür nicht ausreichend qualifiziert. Für eine differenzierte Diagnostik ist der Einsatz unterschiedlicher Methoden (also auch Tests) aber unerlässlich – speziell wenn es darum geht, möglichst frühzeitig eine Sprachentwicklungsstörung (oder im weiteren Entwicklungsverlauf auch eine Lese- und/oder Rechtschreibschwäche) zu identifizieren (Knapp/Kucharz/Gasteiger-Klicpera 2010).

Außerdem werden bei den Schuleingangsuntersuchungen in der Regel auch (Sprach-)Tests angewandt; die Ergebnisse werden den Einrichtungen häufig zur

Verfügung gestellt. Diese Ergebnisse zu interpretieren und den Eltern mitteilen zu können, gehört ebenfalls zu den Aufgaben der pädagogischen Fachkräfte und erfordert ein Verständnis für diesen methodischen Zugang (Fried 2004).

Testverfahren sind eine objektive Form der Informationsgewinnung und bieten die Möglichkeit, die sprachlichen Leistungen eines Kindes systematisch und differenziert zu erfassen. Kany und Schöler (2010) definieren einen Test als »ein wissenschaftliches Verfahren, das Merkmale oder Eigenschaften, die nicht direkt beobachtbar sind, messen soll. Nicht beobachtbar sind z. B. Intelligenz oder Sprachfähigkeit« (Kany/Schöler 2010, S. 110). Dabei werden unterschiedlich schwierige Aufgaben vorgegeben, die das Kind bearbeitet und deren Lösungen Rückschlüsse auf die zugrunde liegenden Fähigkeiten erlauben.

Tests umfassen oft mehrere Inhaltsbereiche, es gibt jeweils eine bestimmte Anzahl von Aufgaben, die eine spezifische Teilfähigkeit (z. B. das Wortverständnis oder die Pluralbildung) erfassen. Aus der Anzahl der richtig gelösten Aufgaben werden Summenwerte gebildet, die zur Vergleichbarkeit in Standardwerte (z. B. Prozentrang oder T-Wert) umgerechnet werden (vgl. Tab. 6.9). Mit diesen Werten lassen sich die Leistungen von Kindern direkt vergleichen; dies gelingt unabhängig vom Alter, sogar unterschiedliche Tests lassen sich auf diese Weise miteinander in Beziehung setzen. Voraussetzung dafür ist, dass der Test nach festgelegten Regeln durchgeführt, ausgewertet und interpretiert wird, weil sonst die Vergleichbarkeit verletzt wird (genauere Hinweise zur Testauswertung, vgl. Kap. 6.4.4). Oft wird eine Testung als für die Kinder unangenehme Prüfungssituation beschrieben. Dies muss aber nicht so sein, weil ein standardisiertes Vorgehen nicht gleichzusetzen ist mit fehlender Zuwendung und fehlendem Einfühlungsvermögen.

Screenings (Siebverfahren) sind eine bestimmte Form von Testverfahren, die sehr schnell und ökonomisch eingesetzt werden können (z. B. im Rahmen der Einschulungsuntersuchung). Anders als bei Tests erhält man aber keine differenzierten Leistungskennwerte, sondern kann lediglich eine Aussage darüber machen, ob bei einem Kind ein Risiko in dem erfassten Bereich vorliegt. Ist dies der Fall, sollten weitere diagnostische Schritte folgen (z. B. ein mehrdimensionaler Sprachentwicklungstest, der die verschiedenen sprachlichen Ebenen berücksichtigt), um die individuellen Stärken und Schwächen zu ermitteln (Kany/Schöler 2010).

Während standardisierte Testverfahren einerseits den testtheoretischen Gütekriterien (Objektivität, Reliabilität, Validität, vgl. Tab. 6.1) genügen und durch ihre Normierung eine direkte Vergleichbarkeit der sprachlichen Leistungen von Kindern ermöglichen, lassen sich andererseits aus den Ergebnissen nicht in jedem Fall eindeutige Aussagen für die Förderung ableiten. Daher werden informelle Verfahren oftmals bevorzugt eingesetzt, weil sich aus ihren Ergebnissen eher Handlungsempfehlungen schlussfolgern lassen (Knapp/Kucharz/Gasteiger-Klicpera 2010; vgl. Kap. 7).

Gütekriterien	Der diagnostische Prozess soll zu einer objektiven, zuverlässigen und gültigen Einschätzung der Stärken und Schwächen des Kindes beitragen.
Objektivität	Unabhängigkeit der erzielten Ergebnisse von der konkreten Person, die die Diagnostik durchgeführt hat (verschiedene diagnostisch Tätige sollten zu einem vergleichbaren Ergebnis kommen)
Reliabilität	Zuverlässigkeit/Genauigkeit der Messung; eine zuverlässige Messung sollte unabhängig davon sein, wann und wo sie durchgeführt wird (am nächsten Tag sollte ein annähernd gleiches Ergebnis herauskommen). Hinweis: Bei Entwicklungsprozessen ist eine Veränderung der gemessenen Inhalte über die Zeit sehr wahrscheinlich und auch erwünscht; daher könnte eine wiederholte Testung (z. B. nach zwei Wochen) zu besseren Ergebnissen führen, weil das Kind sich weiterentwickelt hat.
Validität	Gültigkeit der Messung; ein Test sollte auch tatsächlich das erfassen, was gemessen werden soll. Wenn ein Kind sich beispielsweise während einer Testung unwohl fühlt, könnten die Testergebnisse aufgrund fehlender Motivation verfälscht werden und würden dann nicht mehr die tatsächlichen Leistungen widerspiegeln.

Tab. 6.1: Gütekriterien von Tests

6.3.4 Sprachdiagnostische Kompetenzen

Wie deutlich geworden ist, erfordert der diagnostische Prozess auf Seiten der pädagogischen Fachkräfte Kompetenzen in verschiedenen Bereichen. Fröhlich-Gildhoff/Nentwig-Gesemann/Pietsch (2011) formulieren drei wesentliche Aspekte, die in ihrem Wechselspiel für die grundlegende Handlungsfähigkeit im pädagogischen Alltag relevant sind:
* explizites theoretisches Wissen,
* implizites Erfahrungswissen, das in professionellen Kontexten immer wieder auch in reflektiertes Erfahrungswissen zu transformieren ist,
* Fähigkeiten und Fertigkeiten, beispielsweise in methodischer oder didaktischer Art.

Übertragen auf den Bereich der Sprachdiagnostik bedeutet dies, dass pädagogische Fachkräfte zum einen Basiswissen zum kindlichen Spracherwerb benötigen, kindliche Sprachäußerungen auf der Grundlage von Entwicklungstheorien sowie Erfahrungen mit anderen Kindern einschätzen können und dann ein Repertoire von diagnostischen Verfahren kennen, begründet auswählen und anwenden sowie auswerten, interpretieren und die wesentlichen Ergebnisse verständlich kommunizieren können (Tab. 6.2).

Basiswissen zum Spracherwerb	Kenntnisse und Fertigkeiten im Bereich der Sprachdiagnostik
• Grundwissen über Sprache(n): deutsches Sprachsystem; grundlegende Unterschiede zwischen deutscher Sprache und anderen Sprachen (die in der Institution vertreten sind) • Wissen über kindliche Sprachentwicklung auf allen Sprachebenen • Wissen über Zusammenhänge zwischen Spracherwerb und anderen Bereichen kindlicher Entwicklung (vor allem kognitive, soziale Entwicklung)	• Überblickswissen über unterschiedliche Arten von diagnostischen Verfahren zur Sprachstandserhebung (welche Verfahren sind wann sinnvoll einzusetzen, welche Vor- und Nachteile hat eine Methode?) • Sicherheit in der Durchführung, Auswertung, Interpretation und Dokumentation der in den Einrichtungen verwendeten diagnostischen Verfahren zur Sprachstandserhebung • Kommunikation über den diagnostischen Prozess und die Ergebnisse im Team und gegenüber den Eltern

Tab. 6.2: Notwendige Kompetenzen im Bereich der Sprachdiagnostik (nach List 2011; vgl. auch Fried 2004)

Da diese Kompetenzen weder in der Erzieher/innenausbildung noch im Lehramtsstudium selbstverständlich erworben werden, sind Fort- und Weiterbildung zu diesen Themen notwendig (Knapp/Kucharz/Gasteiger-Klicpera 2010).

6.4 Beispiele für diagnostische Verfahren in Kindergarten und Grundschule

Es gibt inzwischen eine Vielzahl an Veröffentlichungen, in denen ein Überblick über aktuelle Verfahren zur Sprachstandserhebung zu finden ist (z. B. Kany/Schöler 2010; Knapp/Kucharz/Gasteiger-Klicpera 2010; List 2011; Redder/Schwippert/ Hasselhorn/Forschner/Fickermann/Ehlich 2010a). Im Folgenden sollen daher jeweils exemplarisch einzelne Verfahren pro methodischem Zugang vorgestellt werden (vgl. Tab. 6.3), um die Konstruktionsprinzipien zu veranschaulichen, eigene Erfahrungen mit diesen Instrumenten zu diskutieren bzw. im Rahmen der Fortbildungen zu sammeln und/oder den Einsatz im pädagogischen Alltag zu planen. Die Auswahl der vorgestellten und in der Praxis häufig eingesetzten Verfahren impliziert nicht, dass dies die besten diagnostischen Instrumente sind; jede Methode muss immer im Einzelfall für das jeweilige Kind und vor dem Hintergrund einer spezifischen Fragestellung ausgewählt werden.

Methode	Verfahren
Befragung	• **ELFRA-1 für das 1. Lebensjahr** (Elternfragebogen für die Früherkennung von Risikokindern; Grimm/Doil 2000) • **ELFRA-2 für das 2. Lebensjahr** (Elternfragebogen für die Früherkennung von Risikokindern) (Grimm/Doil 2000)
Beobachtung	• **SISMIK** (Sprachverhalten und Interesse an Sprache bei Migrantenkindern in Kindertagesstätten; Ulich/Mayr 2003) • **SELDAK** (Sprachentwicklung und Literacy bei deutschsprachig aufwachsenden Kindern; Ulich/Mayr 2006) • **SELSA** (Sprachentwicklung und Literacy bei Kindern im Schulalter; Mayr/Hofbauer/Simic/Ulich 2012)
Testung	• **HASE** (Heidelberger Auditives Screening in der Einschulungsdiagnostik, Schöler/Brunner 2008) • **P-ITPA** (Potsdam-Illinois Test für Psycholinguistische Fähigkeiten; Esser/Wyschkon 2010)

Tab. 6.3: *Beispiele für Verfahren in der Sprachdiagnostik (Kany/Schöler 2010; Knapp/Kucharz/Gasteiger-Klicpera 2010, Redder/Schwipper/Hasselhorn/Forschner/Fickermann/Ehlich 2010a)*

6.4.1 Beispiele für Elternfragebögen

Elternfragebogen werden vor allem zur Erfassung der sprachlichen Fähigkeiten sehr junger Kinder eingesetzt (im Schulalter wird diese Methode selten genutzt, weil die Sprachentwicklung in diesem Alter in der Regel so weit fortgeschritten ist, dass eine differenzierte Rückmeldung der Eltern – beispielsweise zum Wortschatz des Kindes – kaum mehr möglich ist).

Ein weit verbreiteter Fragebogen für Kinder in den ersten Lebensjahren ist der »Elternfragebogen zur Früherkennung von Risikokindern« (ELFRA; Grimm/Doil 2000; vgl. Tab. 6.4). Er liegt in zwei Fassungen für das erste und zweite Lebensjahr vor. Erfasst werden sowohl das Sprachverständnis als auch die Sprachproduktion, zudem im ersten Lebensjahr das gestische Verhalten und die Feinmotorik (als Indikator für neurologische Auffälligkeiten). Häufig wird der ELFRA im Rahmen der U-Untersuchungen beim Kinderarzt (ELFRA-1: U6; ELFRA-2: U7) eingesetzt; mit diesem Verfahren sollen Risikokinder für eine Sprachentwicklungsstörung identifiziert werden. Dazu werden kritische Werte für die einzelnen Sprachbereiche angegeben. Während die Angaben der Eltern den aktuellen Sprachentwicklungstand gut abzubilden scheinen, ist der prognostische Wert dieses Verfahrens (Vorhersage des weiteren Entwicklungsverlaufs) nicht eindeutig belegt (Kany/Schöler 2010; Redder/Schwippert/Hasselhorn/Forschner/Fickermann/Ehlich 2011).

ELFRA-1 (12 Monate)	ELFRA-2 (24 Monate)
• Sprachverständnis • Sprachproduktion ⇨ Wortliste mit 164 Wörtern aus 13 Themenbereichen (z. B. Tiere, Tätigkeiten) • Gestisches Verhalten (30 Items, z. B. Zeigen, Nicken) • Feinmotorik (13 Items, z. B. Auswickeln eines Bonbons, Halten einer Tasse)	• Sprachproduktion ⇨ Wortliste mit 260 Wörtern (ELFRA-1-Liste + 96 weitere Wörter, z. B. Artikel, Präpositionen) • Satzbau (25 Items, z. B. »Stellt Ihr Kind schon Fragen?«) • Morphologie (elf Items, z. B. »Hat Ihr Kind schon begonnen, die Mehrzahl [z. B. Kinder, Schuhe, Häuser oder auch Kindern, Schuhen, Häusern] zu nutzen?«)

Tab. 6.4: Die zwei Versionen des ELFRA (Grimm/Doil 2000)

Der ELFRA kann in Krippen eingesetzt werden, um einen ersten Eindruck vom Sprachstand des Kindes aus Sicht der Eltern zu erhalten; außerdem lässt sich darüber auch die Zusammenarbeit mit den Eltern anbahnen. Da das Verfahren recht umfangreich ist und viele Fragen enthält, eignet es sich allerdings nicht für alle Eltern (z. B. Eltern mit geringen deutschen Sprachkompetenzen). Es liefert aber durchaus auch Anregungen für Elterngespräche zum kindlichen Sprachentwicklungsstand.

6.4.2 Beispiele für Beobachtungsbögen

In der Praxis weit verbreitet sind die von Ulich, Mayr und Kolleg/innen entwickelten Beobachtungsbögen SISMIK (Ulich/Mayr 2003), SELDAK (Ulich/Mayr 2006) und SELSA (Mayr/Hofbauer/Simic/Ulich 2012) (Tab. 6.5). Sie wurden für verschiedene Altersgruppen (Kindergarten- bis Ende Grundschulalter) entwickelt und berücksichtigen auch Kinder mit nicht deutscher Erstsprache.

SISMIK: Sprachverhalten und Interesse an Sprache bei Migrantenkindern in Kindertageseinrichtungen	**SELDAK:** Sprachentwicklung und Literacy bei deutschsprachig aufwachsenden Kindern	**SELSA:** Sprachentwicklung und Literacy bei Kindern im Schulalter
• Beobachtungsbogen für die systematische Begleitung der Sprachentwicklung von Kindern mit Migrationshintergrund • Alter: ca. 3 ½ Jahre bis Schuleintritt	• Beobachtungsbogen für die systematische Begleitung der Sprachentwicklung von Kindern mit Deutsch als Muttersprache • Alter: 4 Jahre bis Schuleintritt	• Beobachtungsbogen für die systematische Begleitung der Sprach- und Literacy-Entwicklung von Grundschulkindern • Alter: 1. bis 4. Klasse
1. Teil: Sprachverhalten in verschiedenen Situationen: • sprachliche Interaktion mit anderen Kindern (z. B. Frühstück, Freispiel) • Gesprächskontakte zwischen Kind und pädagogischer Bezugsperson • Literacy bezogene pädagogische Angebote (z. B. Bilderbuchbetrachtung, Erzählen und Vorlesen, Reime) • selbstständiger Umgang des Kindes mit (Bilder-)Büchern, Interesse an Schrift und Sprache	**1. Teil:** Sprachrelevante Situationen: Aktivität und Kompetenzen: • Gesprächsrunden/Gruppendiskussionen • Bilderbuchbetrachtung • Vorlesen/Erzählen • selbstständiger Umgang mit (Bilder-)Büchern • Kinder als Erzähler • kommunikatives Verhalten in Gesprächssituationen • Lausch- und Sprachspiele, Reime • Schreiben/Schrift	**1. Teil:** Sprachverhalten in verschiedenen Situationen: • strukturierte Gesprächsrunden (z. B. Kinderkonferenz) • Vorlesen, Erzählen, Berichten • freie Gesprächssituationen unter Kindern (z. B. beim Essen) • kommunikative Kompetenzen (allgemein) • spielerischer Umgang mit Sprache • Umgang mit Printmedien/Büchern • Hausaufgaben – Allgemeine sprachliche Fähigkeiten • Hausaufgaben – Schreiben • Hausaufgaben – Lesen • selbstinitiatives Schreiben, Interesse an Schrift • selbstinitiatives Lesen

SISMIK: Sprachverhalten und Interesse an Sprache bei Migrantenkindern in Kindertageseinrichtungen	SELDAK: Sprachentwicklung und Literacy bei deutschsprachig aufwachsenden Kindern	SELSA: Sprachentwicklung und Literacy bei Kindern im Schulalter
2. Teil: Sprachliche Kompetenzen im engeren Sinne (deutsch) • Verstehen von Handlungsaufträgen und Aufforderungen • Artikulation, Sprechweise und Wortschatz • Satzbau und Grammatik	**2. Teil:** Sprachliche Kompetenzen im engeren Sinne • Verstehen von Handlungsaufträgen • Wortschatz • Grammatik (Morphologie und Syntax) • Dialekt • Sprechweise • Sätze nachsprechen	**2. Teil:** Sprachliches Wissen • Wortschatz • Grammatik (Morphologie, Syntax)
3. Teil: Familiensprache des Kindes • Wie entwickelt sich ein Kind in seiner Familiensprache und wie steht es zu dieser Familiensprache?		
4. Teil: Das Kind in seiner Familie • Informationen zur Herkunftsfamilie und Beziehung zwischen Familie und Einrichtung		

Tab. 6.5: Die Beobachtungbögen SISMIK (Ulich/Mayr 2003), SELDAK (Ulich/Mayr 2006) und SELSA (Mayr/Hofbauer/Simic/Ulich 2012)

Alle drei Bögen haben zwei ähnliche Teile. Im ersten Teil werden Situationen genannt, in denen Kommunikation und Literacy besonders gut zu beobachten sind. Hierbei soll – prozessorientiert – dokumentiert werden, in welchen dieser Situationen das Kind Freude und Interesse zeigt, wann es sprachlich aktiv wird, wie diese Aktivitäten genau aussehen und welche Kompetenzen es dabei zeigt. Im zweiten Teil werden die sprachlichen Fähigkeiten und Fertigkeiten auf den verschiedenen sprachlichen Ebenen analysiert. Der Beobachtungsbogen SISMIK für Kinder mit

Migrationshintergrund enthält zudem zwei weitere Teile, in denen es um die Herkunftssprache sowie die Herkunftsfamilie geht.

Alle Bögen sind strukturierte Verfahren mit einem festen Fragen- und (mehrstufigen) Antwortformat (zusätzlich können wichtige Beobachtungen frei notiert werden). Die Auswertung erfolgt nach klaren Regeln, und es liegen Normwerte vor, die eine Einstufung des Kindes im Vergleich zu seiner Bezugsgruppe ermöglichen. Die Verfahren sind in Kindertagesstätten weit verbreitet, in der Schule werden sie noch nicht so häufig eingesetzt, zumal der SELSA-Bogen noch recht neu ist. Beliebt sind die Bögen wegen ihrer Anwendbarkeit im Alltag; die Durchführung ist wenig standardisiert und trotzdem gibt es Normwerte als Vergleichsmöglichkeit. Außerdem lassen sich aus den Ergebnissen Konsequenzen für die pädagogische Arbeit ableiten, die auch in allen drei Varianten kurz angesprochen werden. Hinweise zu den Gütekriterien, wie sie von standardisierten Verfahren gefordert werden, gibt es aber nicht.

Übung 6.1: Eigene Erfahrungen mit den Beobachtungsbögen SISMIK, SELDAK und SELSA (siehe Download-Bereich: 6 Übungen Sprachdiagnostik)

Ziel:

Die Teilnehmer/innen tauschen sich über eigene Erfahrungen mit den Beobachtungsbögen SISMIK, SELDAK und SELSA aus und diskutieren Einsatzmöglichkeiten.

Material:

Arbeitsauftrag und Materialien – vgl. Download-Bereich: Übung 6.1

Auftrag: (ca. 20 min.)

Bitte diskutieren Sie zu viert (je zwei Erzieher/innen und Grundschullehrer/innen):
Erzieher/innen:
- Um welche Bereiche und Aspekte geht es in den Bögen SISMIK und SELDAK? Wie sind diese aufgebaut?
- Nutzen Sie die Bögen (regelmäßig)?
- Wenn ja: Wie werden sie eingesetzt: von wem, für wen, wann, wozu…? Welche für Sie wichtigen Informationen liefern die Verfahren?

Grundschullehrer/innen:
- Haben Sie den SELSA schon eingesetzt?
- Wenn ja: Welche Erfahrungen haben Sie gemacht?
- Wenn nein: Könnten Sie sich vorstellen, ihn zu erproben? Bei welchem Kind; mit welcher Intention?

Auswertung: (ca. 15 min.)

- Welche Fragen sind offen geblieben?
- Welche Vor- und Nachteile sehen Sie in diesen Beobachtungsbögen?

6.4.3 Sprachprobe als informelle Form der Beobachtung

Die Erhebung einer (Spontan-)Sprachprobe ist als informelles Beobachtungsverfahren besonders gut zur Analyse der sprachlichen Äußerungen eines Kindes auf den verschiedenen Sprachebenen geeignet. Sprachproben können in vielen Alltagssituationen (z. B. beim Spielen oder bei einer gemeinsamen Bilderbuchbetrachtung) gewonnen werden und liefern einen Einblick in den spontanen Sprachgebrauch eines Kindes. Besonders eignen sich Interaktionen des Kindes mit einer einzelnen Person (Kind oder Erwachsener), in der das Kind motiviert und interessiert dabei ist und viele Gelegenheiten bekommt, sich zu äußern (Kucharz 2012b). Die Länge einer Sprachprobe kann sehr variieren (wenige Minuten bis eine Stunde). Wichtig ist, dass das gezeigte sprachliche Verhalten typisch für das Kind ist und seine Leistungen angemessen widerspiegelt (Schrey-Dern 2006).

Für die anschließende Analyse müssen die sprachlichen Äußerungen des Kindes möglichst genau festgehalten werden (Jampert/Thanner/Schattel/Sens/Zehnbauer/Best/Laier 2011). Aus diesem Grund wird die Situation per Tonband oder Video aufgezeichnet. Diese Aufnahme wird dann lautgetreu transkribiert und auf den verschiedenen Sprachebenen analysiert (Welche Kompetenzen hat das Kind bereits, welche Fehler zeigen sich, sind diese entwicklungstypisch oder eher untypisch?). Hierbei können Stufenmodelle zum kindlichen Spracherwerb (vgl. Kucharz 2012b), verschiedene Analyse-Raster (z. B. Knapp/Kucharz/Gasteiger-Klicpera 2010) oder auch Leitfragen (z. B. Hellrung 2012) hilfreich sein.

Die Ergebnisse dieser Analysen bilden die Grundlage für eine weitere Sprachdiagnostik, Sprachförderplanung und die anschließende Sprachförderung.

Übung 6.2: Erhebung und Auswertung einer Sprachprobe (Aufgabe für die nächste Fortbildung) (vgl. Download-Bereich: 6 Übungen Sprachdiagnostik)

Ziel:

Erhebung und Transkription einer Sprachprobe im Kindergarten- bzw. Grundschulalltag

Analyse der Stärken und Schwächen eines Kindes auf den verschiedenen sprachlichen Ebenen (unter Nutzen des Rasters aus der Fortbildung Grundlagen der Sprachentwicklung: Erstspracherwerb).

Ableitung von möglichen Förderzielen und -maßnahmen

Material:

Spielmaterial für die Interaktion mit dem Kind, Tonbandgerät, Arbeitsauftrag und Materialien – vgl. Download-Bereich: Übung6.2

Auftrag:

Bitte erheben Sie eine Sprachprobe von einem Kind, das deutliche Schwierigkeiten im Bereich der Sprache hat (Tonbandaufzeichnung).

Mögliche Situationen:

- Bilderbuchbetrachtung
- ein Spiel/eine Aufgabenbearbeitung zu zweit
- ein Dialog zwischen zwei Kindern
- eine Frühstückssituation
- ...?

Bitte fertigen Sie ein lautgetreues Transkript an und analysieren Sie die Sprache des Kindes auf den verschiedenen Ebenen (vgl. Kap. 4).

Bitte notieren Sie Ihre Erfahrungen und Schwierigkeiten bei der Auswertung bis zur nächsten Fortbildung.

Auswertung in der folgenden Sitzung:

Auftrag: (ca. 30 min.)

Bitte diskutieren Sie zu viert, wie Sie bei der Erhebung der Sprachprobe vorgegangen sind, wie Sie diese ausgewertet und welche Erfahrungen sie gemacht haben.

Leitfragen für die Diskussion in den Gruppen:

- Wie wurde die Sprachprobe erhoben? Was lief bei der Sprachprobe gut, was war schwierig?
- Wie wurde die Sprachprobe ausgewertet? Welche Schwierigkeiten gab es bei der Auswertung?
- Welche Erkenntnisse haben Sie anhand der Auswertung gewonnen? Welche Fragen haben sich ergeben?
- Welche Ideen haben Sie, wie es auf der Basis dieser Ergebnisse weitergehen könnte (weitere diagnostische Schritte; Schlussfolgerungen für eine Förderung)?
- Was sollte im Plenum noch einmal angesprochen werden?

Auswertung: (ca. 15 min.)

Die Ergebnisse und offenen Fragen werden im Plenum exemplarisch besprochen; zu jeder Sprachebene sollte mindestens ein Beispiel diskutiert werden. Unterschiedliche Erwartungen an die sprachlichen Kompetenzen der Kinder (vor allem zwischen Erzieher/innen und Lehrer/innen) werden diskutiert und gegebenenfalls anhand der Folien (vgl. Fortbildungen Kap. 4 und 5) auf ihre Angemessenheit überprüft.

Analyse-Raster

Pädagogin	Kind	Art der »Fehler«
Erfahrungen und Schwierigkeiten		

6.4.4 Beispiele für Tests (inkl. Screening)

Da Tests in der Durchführung und Auswertung aufwändig sind, sollten vor deren Einsatz verschiedene Fragen geklärt werden (z. B. Kany/Schöler 2010):
- Welche Sprachebenen werden mit dem Test erfasst?
- Für welche Altersgruppe kann der Test eingesetzt werden?
- Kann der Test bei Kindern mit Deutsch als Zweitsprache eingesetzt werden?
- Wie lange dauert die Durchführung, Auswertung und Interpretation?
- Liefert der Test Normdaten, um die Ergebnisse eines Kindes einzuordnen (Vergleich mit anderen Kindern)?
- Wer hat die Kompetenzen, diesen Test einzusetzen?

Tests enthalten in der Regel folgende Bestandteile, welche die Anwendung formalisieren und erleichtern (Tab. 6.6).

Testmanual u. -material	Durchführungshinweise	Auswertungshilfen, z. B.
Testmanual: - Theoretischer Hintergrund - Beschreibung des Tests und der Aufgaben - Durchführungs- und Interpretationsregeln - Normen **Testmaterial:** - Testheft - Arbeitsmaterialien - Auswertungsbogen	- Testanweisung/Instruktion: Was wird dem Kind konkret gesagt? - Hinweise zu den Testaufgaben: Anzahl, Schwierigkeit, Art - Testauswertung: Punktvergabe nach mehr oder weniger eindeutig formulierten Regeln	- Schablonen - Kontrollblätter

Tab. 6.6: Bestandteile eines Tests

Testergebnisse können nur interpretiert werden, wenn die Vorgaben genau eingehalten werden. Daher ist eine Einarbeitung in die Testanwendung notwendig.

Im Folgenden werden zwei Testverfahren exemplarisch vorgestellt, um den Aufbau und die Auswertung eines Tests zu veranschaulichen: Der erste Test, das »Heidelberger Auditive Screening in der Einschulungsdiagnostik« (HASE, Schöler/Brunner 2008), ist ein Screening-Verfahren für Vorschulkinder, das unter anderem in der Schuleingangsuntersuchung eingesetzt wird. Erfasst werden auditive Informationsverarbeitungsleistungen, welche als grundlegend für den Sprach-

und Schriftspracherwerb erachtet werden. Der zweite Test, der »Potsdam-Illinois Test für Psycholinguistische Fähigkeiten« (P-ITPA, Esser/Wyschkon 2010) ist ein mehrdimensionales Verfahren zur Erfassung sprachlicher und schriftsprachlicher Fähigkeiten und Fertigkeiten im Vorschul- und Grundschulalter.

HASE: »Heidelberger Auditives Screening in der Einschulungsdiagnostik« (Schöler/Brunner 2008)

Der HASE wurde für Kinder im Alter von vier bis sechs Jahren entwickelt und erfasst die auditiven Informationsverarbeitungsleistungen, welche einen prognostischen Wert für eine Reihe von Sprach- und Schriftspracherwerbsproblemen (z. B. Dysgrammatismus, Lese-/Rechtschreibschwierigkeiten) besitzen. Die Durchführungsdauer liegt bei zehn bis 15 Minuten.

HASE (Heidelberger Auditives Screening in der Einschulungsdiagnostik)

Vier Untertests:

- NS: Nachsprechen von Sätzen (zehn Aufgaben, Beispiel: »Der rote Stift liegt auf dem Sessel neben dem Heft.«). Das Kind soll Sätze in zunehmender Länge und Komplexität nachsprechen (erfasste Fähigkeit: allgemeine sprachliche Leistungsfähigkeit).
- WZ: Wiedergeben von Zahlenfolgen (zehn Aufgaben, Beispiel: »5 2 8 1 4«). Das Kind bekommt zunehmend länger werdende Zahlenfolgen (zwei bis sieben Zahlen) vorgesprochen, die es nachsprechen soll (erfasste Fähigkeit: auditives Arbeitsgedächtnis).
- EW: Erkennen von Wortfamilien (acht Aufgaben, Beispiel: »Baum – Bäume – Beule«). Hier muss das Kind das nicht zur Wortfamilie passende Wort erkennen (erfasste Fähigkeit: semantische Strukturerfassung der Sprache).
- NK: Nachsprechen von Kunstwörtern sowie eines Zauberwortes (zehn Aufgaben, Beispiel: »RIBANELU«). Das Kind soll bedeutungslose Wörter nachsprechen (erfasste Fähigkeit: auditives Arbeitsgedächtnis).

Tab. 6.7: Untertests des HASE: (Schöler/Brunner 2008)

Jeder Untertest wird per CD dargeboten, um eine möglichst gute Vergleichbarkeit zu gewährleisten (Studien haben gezeigt, dass es einen großen Einfluss auf die Leistungen der Kinder hat, wie die Aufgaben präsentiert werden: Unterschiedliche Betonungen sowie die Geschwindigkeit, mit der die Buchstaben und Wörter/Sätze gesprochen werden, können die Ergebnisse verfälschen). Die Aufgaben jedes Untertests sind der Schwierigkeit nach gestaffelt, und es gibt klar definierte Abbruchregeln für jeden Untertest, um unnötige Frustrationen zu vermeiden, wenn die Aufgaben zu schwer für ein Kind werden. Auch die Punktvergabe für jede Aufgabe ist klar geregelt. Pro Untertest werden die erzielten Punkte summiert und auf einem Auswertungsbogen eingetragen. Zur Interpretation der Punktwerte werden diese in eine Normtabelle eingetragen, in der gekennzeichnet ist, welche Summenwerte für die jeweilige Altersgruppe als Risikowert einzustufen ist (vgl. Abb. 6.1).

Auszug aus den aktuellen Richtlinien zur ESU, Stand Oktober 2010 (HASE-Normwerte)[1]

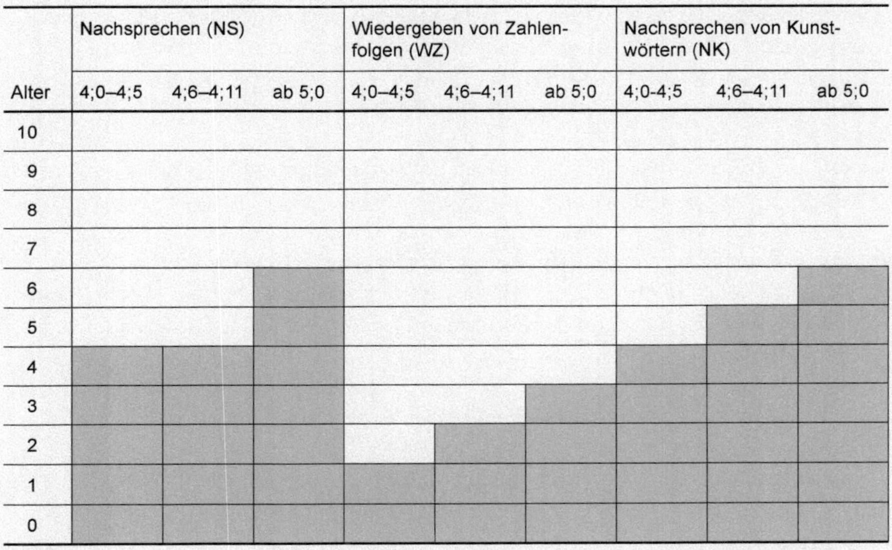

Alter	Nachsprechen (NS)			Wiedergeben von Zahlenfolgen (WZ)			Nachsprechen von Kunstwörtern (NK)		
	4;0–4;5	4;6–4;11	ab 5;0	4;0–4;5	4;6–4;11	ab 5;0	4;0-4;5	4;6–4;11	ab 5;0
10									
9									
8									
7									
6									
5									
4									
3									
2									
1									
0									

Befunde, die im dunklen Bereich liegen, sind nicht altersentsprechend (Normierung für deutsche Kinder)

[1] Die Tabelle mit den HASE-Normdaten stammt aus dem Gesundheitsamt Rems-Murr-Kreis und war zum Zeitpunkt der Projektdurchführung verbindlich für die Schuleingangsuntersuchung (ESU).

Abb. 6.1: HASE-Normwerte für drei der vier Untertests

P-ITPA: »Potsdam-Illinois Test für Psycholinguistische Fähigkeiten« (Esser/Wyschkon 2010)

Der P-ITPA wurde für Kinder im Alter von 4;0 bis 11;6 Jahren konzipiert und erfasst folgende Fähigkeiten: 1. die verbale Intelligenz, 2. die expressive Sprache, 3. die phonologische Bewusstheit, 4. das auditive Kurzzeitgedächtnis, 5. die Leseleistung und 6. die Rechtschreibung. Es liegen vier unterschiedliche Test-Versionen für verschiedene Altersgruppen vor; die Bearbeitungsdauer wird mit 20 bis 60 Minuten je nach Testversion angegeben.

P-ITPA (Potsdam-Illinois Test für Psycholinguistische Fähigkeiten)

Acht Untertests: je nach Version werden unterschiedlich viele Aufgaben dargeboten

- Analogien: max. 52 Aufgaben (Beispiel: »Ein Pferd ist schnell, eine Schildkröte ist...«). Das Kind soll Sätze vervollständigen und dabei Analogien erkennen (erfasste Fähigkeit: verbale Intelligenz).
- Wortschatz: max. 51 Aufgaben (Beispiel: »Ich denke an etwas, das hat Flossen. Was könnte das sein?«). Dem Kind wird ein einzelnes Merkmal eines gesuchten Begriffes vorgegeben, welchen es finden soll (erfasste Fähigkeit: expressive Sprache).
- Grammatik: max. 57 Aufgaben (Beispiel: »Das ist eine Hand. Das sind zwei...«). Unvollständige und mit Bildern veranschaulichte Sätze sollen vom Kind ergänzt werden (erfasste Fähigkeit: expressive Sprache).
- Sätze-Nachsprechen: max. 49 Aufgaben (Beispiel: »Tomaten singen immer fröhliche Lieder.«). Das Kind soll zunehmend komplexer werdende Sätze (teilweise mit unsinnigem Inhalt) korrekt nachsprechen (erfasste Fähigkeit: Syntaktik und auditives Kurzzeitgedächtnis).
- Drei Untertests erfassen Teilfähigkeiten zur phonologischen Bewusstheit:
  - Reimen: max. 20 Aufgaben (Beispiel: »Was reimt sich auf Wippe? Winter, Kinder, Vase, Schippe?«). Das Kind soll aus mehreren Alternativen das passende Reimwort finden.
  - Vokalersetzen: nur für Schulkinder, max. 22 Aufgaben (Beispiel: »Mach aus dem ›o‹ in ›Hose‹ ein ›a‹!«). Das Kind soll ein bis zwei Vokale in einem Wort durch andere Vokale ersetzen.
  - Konsonanten-Auslassen: nur für Schulkinder, max. 20 Aufgaben (Beispiel: »Sag mal ›Gras‹ ohne ›r‹!«). Das Kind soll ein bis zwei Konsonanten in einem Wort weglassen.
- Reimfolgen: max. 21 Aufgaben (Beispiel: »sagen, tragen, schlagen«). Das Kind soll gehörte Reime korrekt wiederholen (erfasste Fähigkeit: auditives Kurzzeitgedächtnis).

Nur für Schulkinder:

- Lesen: Lesekärtchen 1 (32 kurze Wörter), Lesekärtchen 2 (24 schwierigere Wörter), und Lesekärtchen 3 (24 sinnfreie Wörter). Das Kind soll zunehmend komplexere Wörter auf Lesekärtchen nacheinander laut und deutlich vorlesen; erhoben werden die Lesefehler (max. 88 Fehlerpunkte) (erfasste Fähigkeit: Lesen von Wörtern).
- Rechtschreibung: Vier unterschiedlich schwierige Wörter-Listen und eine Liste mit »Pseudowörtern«. Das Kind soll diktierte Wörter aufschreiben; dabei werden erneut die Rechtschreibfehler notiert (max. 83 Fehlerpunkte auf Wortebene und 490 Fehlerpunkte auf Graphemebene) (erfasste Fähigkeit: Rechtschreibung von Wörtern).

Tab. 6.8: Untertests des P-ITPA (Esser/Wyschkon 2010)

Je nach Untertest werden ein bis zwei Punkte für jede richtig gelöste Aufgabe vergeben. Der Test präsentiert die Aufgaben nach Schwierigkeit gestaffelt und hat Startregeln für jedes Kind in Abhängigkeit von seinem Alter (alle Aufgaben, die vor diesem Start liegen, werden dann entsprechend als richtig bewertet). Auch bei diesem Test gibt es klar definierte Abbruchregeln je Untertest (jeweils eine spezifische Anzahl nicht korrekt gelöster Aufgaben in Folge). Die erzielten Punkte werden pro Untertest addiert und in den Protokollbogen eingetragen (Rohwerte). Diese Rohwerte sind allerdings noch nicht miteinander vergleichbar. Will man a) die Testergebnisse unterschiedlicher Tests, b) Untertests mit unterschiedlich vielen Aufgaben oder c) Kinder unterschiedlichen Alters vergleichen, so müssen die Rohwerte in Standard- bzw. Normwerte (vgl. Tab. 6.9) umgerechnet werden (Normieren heißt »einen einheitlichen Bezugsmaßstab für alle Rohwerte schaffen«, Kany/Schöler 2010, S. 111).

Maße für die Testauswertung

- Rohwert: ermittelte Punktzahl pro Untertest
- Normwerte: Standardwerte mit gleichen Verteilungscharakteristika in allen Altersstufen
  Beispiele:
    - T-Wert: Mittelwert = 50; Standardabweichung = 10
    - Prozentrang (PR): PR Mittelwert = 50; Standardabweichung = 34
    - Intelligenzquotient (IQ): Mittelwert = 100; Standardabweichung = 15
    - Z-Wert: Mittelwert = 0; Standardabweichung = 1
- Vertrauensintervall: Jede Messung beinhaltet einen Messfehler, d. h. der »wahre« Testwert liegt in einem Bereich um den ermittelten Testwert herum (bei der Interpretation der Ergebnisse muss dieser Umstand unbedingt berücksichtigt werden)
- Kritische Differenz: Maß, ab wann die Differenz zwischen zwei Ergebnissen bedeutsam ist
- Leistungsprofil: Veranschaulichung der relativen Stärken und Schwächen eines Kindes

Tab. 6.9: Relevante Maße bei der Testauswertung

Standardwerte haben eine immer gleiche Verteilungscharakteristik (Mittelwert und Standardabweichung). Diese müssen nicht selbst berechnet werden, sondern können in jedem normierten Test in Tabellen nachgeschlagen werden. Beispiele für Standardwerte sind der Intelligenzquotient, der T-Wert oder der Prozentrang. Mithilfe dieser Normwerte kann die Position eines Kindes innerhalb seiner Altersgruppe ermittelt werden. So bedeutet ein T-Wert von beispielsweise 42, dass ein Kind noch im Durchschnittsbereich liegt; ein Prozentrang von zehn bedeutet, dass lediglich zehn Prozent aller Kinder im gleichen Alter einen schlechteren oder gleichen Wert im Test erhalten haben wie dieses Kind, 90 Prozent der Kinder also besser abgeschnitten haben (Kany/Schöler 2010).

Der P-ITPA liefert als Standardwerte T-Werte für die einzelnen Untertests; darüber hinaus bietet er die Möglichkeit, ein Profil mit den relativen Stärken und Schwächen eines Kindes zu erstellen.

6.5 Zusammenfassung und Fazit

Wie aus den Ausführungen deutlich geworden ist, hat jede diagnostische Methode unterschiedliche Vor- und Nachteile. Nach Fried (2004) werden im Elementarbereich bislang vor allem Beobachtungsverfahren und andere informelle Verfahren eingesetzt, weil sie die kindlichen Sprachfähigkeiten im natürlichen Kontext erfassen und ökonomischer und leichter durchführbar erscheinen. Die Gefahr eines solch einseitigen Vorgehens besteht darin, dass Kinder mit speziellen Risiken vielleicht nicht frühzeitig erkannt werden.

Um zu einem möglichst objektiven, zuverlässigen und gültigen Gesamtbild in Bezug auf die sprachlichen Leistungen eines Kindes zu kommen (insbesondere wenn der Verdacht auf eine Problematik besteht), ist der Einsatz des gesamten Repertoires der unterschiedlichen Vorgehensweisen und Verfahren sinnvoll und eventuell auch notwendig. Sprachliche Leistungen sind spontan im Alltag des Kindes sowie in standardisierten Situationen zu erfassen; sowohl die Wahrnehmung als auch die Produktion sollte auf den verschiedenen sprachlichen Ebenen erhoben, verschiedene Informationsquellen (Kinder, Eltern, pädagogische Fachkräfte) genutzt werden. Aus all diesen Informationen lassen sich in der Zusammenschau Konsequenzen für die Förderung ableiten, die auf der Basis von Sprachentwicklungstheorien geplant und umgesetzt werden (Knapp/Kucharz/Gasteiger-Klicpera 2010).

Als bisher ungelöste Probleme im Bereich der Sprachdiagnostik formulieren Redder/Schwippert/Hasselhorn/Forschner/Fickermann/Ehlich (2011), dass die bisher vorliegenden Verfahren immer nur einen Ausschnitt der sprachlichen Kompetenzen abbilden können; wichtige weitere Bereiche (wie etwa metasprachliche Kompetenzen oder das Hörverstehen) fehlen oft ganz. Auch berücksichtigen viele Verfahren nicht die besonderen Bedingungen beim Zweitspracherwerb, weshalb sie dann bei Kindern mit Migrationshintergrund nicht eingesetzt werden können. Die Anwendung der Verfahren (insbesondere der Sprachtests) ist oftmals nur bestimmten Zielgruppen vertraut, weshalb die Durchführung, Auswertung und Interpretation der Ergebnisse nicht oder nur unzureichend gelingt. Nicht zuletzt ist es oft kaum möglich, aus den diagnostischen Ergebnissen eindeutige Fördermaßnahmen abzuleiten und diese dann anhand einer erneuten Diagnostik zu evaluieren (vgl. Kap. 7). Dies ist aber umso wichtiger, als Studien zeigen, dass Sprachförderung in Kindertageseinrichtungen in vielen Fällen wirkungslos bleiben kann (vgl. z. B. Gasteiger-Klicpera/Knapp/Kucharz 2010; Roos/Polotzek/ Schöler 2010; Gretsch/Fröhlich-Gildhoff 2012).

Übung 6.3: Vor- und Nachteile von Sprachdiagnostik« (vgl. Download-Bereich: 6 Übungen Sprachdiagnostik)

Ziel:

Die Teilnehmer/innen diskutieren die Vor- und Nachteile der verschiedenen diagnostischen Verfahren und reflektieren ihre Rolle im diagnostischen Prozess.

Material:

Arbeitsauftrag und Materialien – vgl. Download-Bereich: Übung6.3

	Vorteile	Nachteile
Fragebögen zur Sprachentwicklung		
Beobachtungsbögen zur Sprachentwicklung und Sprachproben		
Sprachtests (inkl. Screenings)		

Auftrag: (ca. 20 min.)

- Bitte bilden Sie Gruppen (vier bis fünf Personen) und diskutieren Sie die Vor- und Nachteile verschiedener diagnostischer Verfahren.

Mögliche Aspekte für die Diskussion:

- Durchführung, Situation für das Kind, Aussagen über sprachliche Leistungen, Nutzen der Ergebnisse etc.

Auswertung: (ca. 20 min.)

Sammeln der Vor- und Nachteile und Diskussion folgender Aspekte:

- In wessen Verantwortung liegt die Sprachdiagnostik?
- Welche Aufgaben haben in diesem Bereich Erzieher/innen und Grundschullehrer/innen?

Literaturtipps zum Thema »Sprachdiagnostik«
Kany, W./Schöler, H. (²2010): Fokus: Sprachdiagnostik: Leitfaden zur Sprachstandsbestimmung im Kindergarten. Berlin: Cornelsen Scriptor.

Knapp, W./Kucharz, D./Gasteiger-Klicpera, B. (2010): Sprache fördern im Kindergarten: Umsetzung wissenschaftlicher Erkenntnisse in die Praxis. Weinheim und Basel: Beltz.

7. Sprachförderplanung

Ziele der Fortbildung »Sprachförderplanung«
- Kennenlernen der verschiedenen Schritte zur Erstellung eines Förderplans
- Erstellen eines Förderplans, orientiert am individuellen Sprachstand eines Kindes
- Durchführung von Sprachförderung anhand des Förderplans

7.1 Relevanz des Fortbildungsthemas

Eine an den tatsächlichen individuellen Sprachstand des einzelnen Kindes angepasste Sprachförderplanung ist höchst anspruchsvoll – gleichzeitig aber notwendig, damit sich die Kinder entsprechend weiterentwickeln können. Wie auch in anderen Entwicklungsbereichen geht es darum, die »Zone der nächsten Entwicklung« (Vygotsky 1987) für das Kind zu bestimmen und es auf dem Weg dorthin zu begleiten (*Scaffolding*, Wood/Bruner/Ross 1976). Damit liegt die Sprachförderplanung zwischen der Sprachdiagnostik und der eigentlichen Sprachförderung. Um die diagnostischen Ergebnisse deuten zu können, sind Kenntnisse im Bereich der Meilensteine beim Erst- und Zweitspracherwerb erforderlich. Somit tangiert dieses Thema die Fortbildungen zur Sprachentwicklung und zur Sprachdiagnostik.

In den Fortbildungen zur Sprachdiagnostik ging es darum, wie und zu welchem Zweck man den Sprachstand eines Kindes diagnostiziert. Nun soll betrachtet werden, wie man aus den ermittelten diagnostischen Ergebnissen zur Planung der Sprachförderung kommt. Ziel soll sein, dass die Sprachförderung und -bildung möglichst genau am Sprachstand des Kindes ansetzt, um ihm den nächsten Entwicklungsschritt zu ermöglichen. Wenn die Fortbildungsteilnehmer/innen zur Vorbereitung auf diese Fortbildung die Aufgabe hatten, selbst eine Sprachprobe bei einem oder mehreren Kindern zu erheben, sollte diese zur weiteren Bearbeitung, nämlich zur Analyse und Förderplanung, für diese Fortbildung genutzt werden.

Wir empfehlen, die folgenden Inhalte auf zwei Fortbildungstermine zu verteilen.

7.2 Der Ablauf der Sprachförderplanung

Um zu einer gezielten Sprachförderung zu kommen, gibt es einen typischen Ablauf, der in folgender Grafik dargestellt ist (Abb. 7.1).

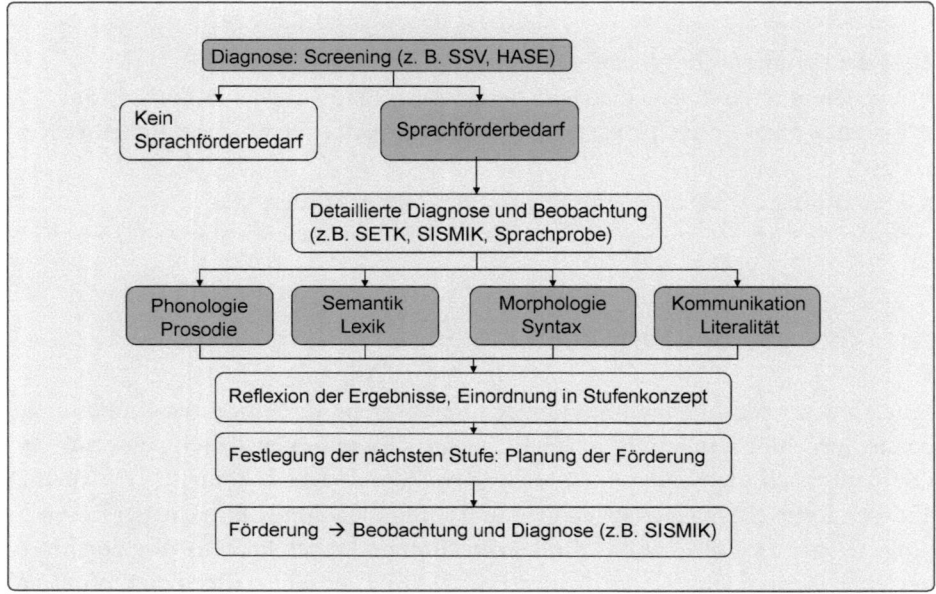

Abb. 7.1: *Sprachförderplanung: schematischer Ablauf (Knapp/Kucharz/Gasteiger-Klicpera 2010, S. 83)*

Zu Beginn steht die Sprachdiagnostik. Hier lässt sich unterscheiden zwischen einer selektiven und einer Förderdiagnostik; erstere trennt die Kinder mit Sprachförderbedarf von denen ohne Sprachförderbedarf. In der Regel werden dafür sogenannte »Screening-Verfahren« eingesetzt. In vielen Bundesländern werden etwa ein Jahr vor der Einschulung bereits solche kurzen und zeitsparenden Sprachtests durchgeführt, die Ergebnisse liegen den Kindertageseinrichtungen in der Regel vor. Allerdings lassen sich aus diesen Ergebnissen noch nicht die Sprachbereiche ablesen, die einer besonderen Förderung bedürfen, weil Screening-Verfahren die kindlichen Fähigkeiten nur sehr grob erfassen (vgl. Kap. 6).

Demzufolge werden in einem weiteren Schritt mehrdimensionale Verfahren zur Sprachstanderhebung eingesetzt, die sehr viel genauer und differenzierter messen, welche Sprachbereiche eines Kindes gut entwickelt sind und in welchen Bereichen es einer Unterstützung bedarf. Hierfür gibt es standardisierte Testverfahren, wie beispielsweise den SETK 3–5 (Grimm 2001) oder den P-ITPA (Esser/Wyschkon 2010). Solche Tests erfassen in der Regel alle sprachlichen Ebenen, sind aber teuer in der Anschaffung und anspruchsvoll in der Anwendung. Die pädagogischen Fachkräfte in den Kindertageseinrichtungen und die Lehrkräfte in den Schulen werden in der Regel nicht die Möglichkeit haben, solche Tests anzuwenden (hilfreich ist es aber in jedem Fall, deren Ergebnisse lesen und interpretieren zu können). Deshalb bieten sich hier andere diagnostische Verfahren an, die zwar nicht immer normiert und standardisiert sind, dafür aber im Alltag handhabbarer sind und auf Beobachtung fußen. In der Fortbildung zur Diagnostik wurden hier die Verfahren SISMIK (Ulich/Mayr 2003) und SELDAK (Ulich/Mayr 2006), die in vielen Kindertageseinrichtungen bereits etabliert sind, vorgestellt, sowie das vergleichbare Verfahren SELSA (Mayr/Hofbauer/Simic/Ulich 2012), das für die Grundschule konzipiert wurde. Ein weiteres Verfahren, das mit vergleichbar geringem Aufwand durchführbar ist, ist die Erhebung einer Sprachprobe. Diese wurde ebenfalls in der Fortbildung zur Diagnostik erarbeitet und als Übungsaufgabe vorgesehen.

Im nächsten Schritt werden die Ergebnisse ausgewertet, indem die sprachlichen Stärken und Schwächen des einzelnen Kindes analysiert werden. Daran schließt sich die Entscheidung an, welcher Sprachbereich für die Förderung zunächst ins Auge gefasst wird. Nach der Bestimmung des folgenden Entwicklungsschrittes im Sinne der »Zone der nächsten Entwicklung« (Vygotski 1987) werden die Fördermaßnahmen festgelegt. Nach der anvisierten Förderdauer wird erneut eine Sprachprobe (oder ein anderes Verfahren) erhoben, um zu prüfen, ob die Förderung erfolgreich war.

Dieser Ablauf, der in der Abbildung 7.1 schematisch dargestellt ist, wird im Rahmen der Fortbildung Schritt für Schritt thematisiert und geübt, beginnend mit der Analyse einer Sprachprobe.

Übung 7.1: Analyse der Sprachprobe von Ramona

Ziel:

Die Teilnehmer/innen üben anhand eines kurzen Ausschnitts einer Sprachprobe »Fehler« zu identifizieren und den verschiedenen sprachlichen Ebenen zuzuordnen. Dies dient als Wiederholung des Gelernten in den Fortbildungen zum Erstspracherwerb und zur Diagnostik und bereitet die Förderplanung vor.

Material:

Folien Nr. 8 und 9 – vgl. Download-Bereich: 7_Folien_Sprachförderplaung
Ramona erzählt die Geschichte von Arielle, der Meerjungfrau, nach, die vorher im Kindergarten mithilfe eines Bilderbuches erzählt und vorgelesen worden war. Hier handelt es sich um einen ganz kurzen Ausschnitt aus der Sprachprobe:

> *Ramona: Der Adriell war mit ein Hai. Des Hai vorcher des Schiff verstecke.*
>
> *Erzieherin: (…)*
>
> *Ramona: Lebt. Und dann vorcher die Meerfrau die … der Hai weckt, und dann vorcher der Mund aufmacht und dann … und ganz snell wegschwimme.*
>
> *Aufgabe im Plenum:* (ca. 15 min)
> Bitte lesen Sie die Äußerungen von Ramona (4;4 Jahre, zweisprachig) durch: Wo finden sich fehlerhafte Äußerungen, wo richtige? Analysieren Sie: Welchen Sprachbereichen können die einzelnen auffälligen Stellen zugeordnet werden: Lautbildung (Phonologie) – Wortschatz und -bedeutung (Lexik & Semantik) – Grammatik auf Wort- und Satzebene (Morphologie & Syntax)
>
> *Lösung:* Folgende Sprachäußerungen fallen auf:
> Bereich Phonologie (Lautbildung): *vorcher* (wobei das auch dialektal eingefärbt sein kann), *snell* (hier ist das »sch« nicht gebildet, im darauf folgenden Wort »schwimme« wird es aber korrekt gesprochen, so dass hier offenbar keine Lautbildungsprobleme vorliegen).
> Bereich Lexik und Semantik (Wort- und Satzbedeutung): *Des Hai vorcher des Schiff verstecke* (Hier fehlt eine Präposition, z. B. *in*. Auch in den weiteren Äußerungen werden kaum Präpositionen verwendet, die aber für das Satzverstehen wichtig sind).
> Bereich Syntax (Satzbau): *Lebt* (unvollständiger Satz, das Subjekt fehlt).
> *Und dann vorcher die Meerfrau die … der Hai weckt* (im Hauptsatz fehlt das Verb, im Nebensatz (Relativsatz) ist das Verb korrekt am Satzende platziert)
> *und dann vorcher der Mund aufmacht* (Verbzweitstellung und Verbklammer nicht richtig erkannt; Subjekt fehlt: *und dann macht er vorher den Mund auf*)
> Bereich Morphologie (Grammatik): vor allem der Genus und Kasus sind fehlerhaft, was man an der falschen Artikelverwendung erkennt: *der Adriell, des Hai, mit ein Hai, der Mund aufmacht.*

Nach dieser Art der Analyse der Sprachprobe, mit deren Hilfe man festgestellt hat, auf welchen Sprachebenen das Kind welche Schwierigkeiten hat (vgl. Kap. 4) und in welchen keine Auffälligkeiten diagnostiziert wurden, muss entschieden werden, wo man nun konkret mit der Förderung ansetzt. Es ist wenig ergiebig und auch kaum möglich, alle Sprachbereiche gleichzeitig zu fördern – damit würde man sowohl die Pädagog/innen als auch das Kind überfordern. Sinnvoller ist es, sich einen Sprachbereich bzw. einen Teilbereich auszuwählen und dort mit der Förderung zu beginnen. Doch welcher soll und kann das sein?

Übung 7.2: Entscheidung zur Förderung

Ziel:

Die Teilnehmer/innen sollen anhand der vorgenommenen Analyse der Sprachprobe begründet entscheiden, in welchem Bereich mit der Sprachförderung begonnen werden soll.

Material:

Folie Nr. 10 – vgl. Download-Bereich: 7_Folien_Sprachförderplanung

Auftrag: (ca. 5 min.)

Bitte diskutieren Sie zu zweit folgende Fragen: (in Partnerarbeit, ca. fünf Minuten)

- Welchen Bereich will ich zunächst fördern?
- Warum gerade den?
- Wie könnte ich bei der Förderung vorgehen (Denken Sie dabei an die Fortbildung zur Sprachförderung!)?

Lösungen:

Im Anschluss an die Partnerarbeit sollten die verschiedenen Antworten der Tandems dem Plenum mitgeteilt werden, der/die Moderator/in muss hier nicht kommentieren. Evtl. kann ein Gespräch darüber angeregt werden, welcher Vorschlag der Beste ist und warum. Erst danach werden die Antworten kommentiert, etwa folgendermaßen: Es wurden anhand der Sprachprobe in fast allen Sprachbereichen Defizite festgestellt. Deshalb könnte man bei jedem Bereich mit der Förderung beginnen. Dennoch gibt es Kriterien zur Auswahl:

Bereich Phonologie (Lautbildung): Hier waren die Probleme nicht sehr eindeutig. Deshalb kann man den Bereich zunächst zurückstellen und evtl. zu einem späteren Zeitpunkt darauf zurückkommen.

Bereich Lexik und Semantik (Wortschatz und -bedeutung): Ramona zeigt große Probleme beim Wortschatz. In diesem Beispiel fiel auf, dass sie kaum Präpositionen (in, bei, auf, unter usw.) verwendet. Dies kann man aber sinnvoll nur in Sätzen lernen und üben.

Bereich Syntax (Satzbau): Hier zeigte Ramona, dass sie manche Sätze schon ganz gut formulieren kann, andere weniger. Der korrekte Satzbau ist aber eine Voraussetzung dafür, dass man Präpositionen richtig verwenden kann.

Bereich Morphologie (Grammatik): Auch hier zeigten sich viele Defizite. Insbesondere wurden die Artikel nicht richtig verwendet und auch die Endungen verschiedener Wörter nicht angepasst. Wann im Deutschen welche Wortendungen verwendet werden müssen, um den Kasus (Fall), das Tempus (Zeit) usw. anzuzeigen, kann man auch nur im Zusammenhang mit Sätzen lernen.

Fazit: Förderbeginn Syntax (Satzbau)

Natürlich können auch die Sprachebenen des Wortschatzes oder der Wortgrammatik gefördert werden; hier soll exemplarisch zunächst das Vorgehen bei der Förderplanung zur Satzgrammatik vorgestellt werden. Der Erwerb der Satzbaustrukturen verläuft stufenförmig und beim Erst- und Zweitspracherwerb nahezu identisch (Ruberg/Rothweiler 2012). Um die Förderung dem Sprachstand des Kindes anzupassen, wird bestimmt, in welcher Erwerbsstufe sich das Kind hinsichtlich der Satzbaustrukturen befindet. Als Orientierung kann folgende Tabelle dienen (vgl. Kap. 5.5; Tab. 7.1):

0. Stufe	unvollständige Sätze ohne Verb oder mit infinitem (ungebeugtem) Verb am Ende	»Ich spielen.«
1. Stufe	einfache Wortstellung Subjekt – Verb – Objekt; Verbzweitstellung mit finitem (gebeugtem) Verb	»Der Junge spielt Ball.«
2. Stufe	Trennung von finitem Verb und infiniten Verbteilen: Satz- bzw. Verbklammer	»Der Junge will Ball spielen.« »Der Junge hat Ball gespielt.«
3. Stufe	Voranstellung von Adverbialen Inversion (Vorziehen des Verbs vor das Subjekt)	»Morgen spielt der Junge Ball.«
4. Stufe	Bildung von Nebensätzen mit Endstellung des finiten Verbs	»…, weil der Junge Ball spielt.«

Tab. 7.1: *Erwerbsstufen in der Syntax (Grießhaber 2005; vgl. Knapp/Kucharz/Gasteiger-Klicpera 2010, S. 81)*

Anhand dieser Tabelle kann man aus der Sprachprobe von Ramona erkennen, dass sie die erste Stufe bereits erworben hat, aber noch kaum die Satzklammer anwendet, also Stufe 2 (»…vorcher der Mund aufmacht«).

Damit kann die Förderung für Ramona geplant werden. Hinsichtlich der Satzbaustrukturen steht sie zwischen Stufe eins und zwei. Dementsprechend kann als nächstes Ziel die sichere Beherrschung der zweiten Erwerbsstufe ins Auge gefasst werden. In der alltagsintegrierten Sprachförderung wird dafür überwiegend mit der Technik der syntaktischen Erweiterung gearbeitet. Außerdem bietet man ihr z. B. in Form des Paralleltalkings Sätze an, in denen die Satzklammer häufig verwendet wird (vgl. Kap. 8). Ähnliche Entwicklungsstufen gibt es beispielsweise auch für den Erwerb der Verbformen (Knapp/Kucharz/Gasteiger-Klicpera 2010).

7.3 Erstellen eines Sprachförderplans

Damit diese Schritte fixiert und jederzeit nachvollzieh- und erinnerbar sind, können die angeführten Überlegungen in einem Förderplan aufgeschrieben werden (Tab. 7.2).

Name des Kindes:			Zeitraum der Förderung:		
Sprachebenen	Diagnose: Stärken	Diagnose: Defizite	Zielbestimmung	Fördermaßnahme/Zeitraum	Evaluation, Konsequenzen
phonetisch-phonologisch					
semantisch-lexikalisch					
morphologisch-syntaktisch					
pragmatisch-kommunikativ					
weitere Beobachtungen					
Kind-Umfeld-Analyse					

Tab. 7.2: Vorlage für einen Förderplan (Knapp/Kucharz/Gasteiger-Klicpera 2010, S. 167)

Außer der Analyse einer Sprachprobe (oder von Beobachtungs- und Testergebnissen), um den zu fördernden Bereich zu identifizieren, empfehlen wir zusätzlich eine Kind-Umfeld-Analyse. Sie dient dazu, die Stärken und Interessen des Kindes sowie die zur Verfügung stehenden Ressourcen zu beachten. Dafür sind folgende Fragen zu beantworten:
- Wie lange und wie viel Kontakt mit der deutschen Sprache hat das Kind?
- Welche Sprachen werden in der Familie gesprochen?
- Welche Sprachen spricht das Kind?
- Mit welchen anderen Kindern spricht es vor allem in welcher Sprache?
- In welchen Situationen beteiligt es sich rege/lebhaft an Gesprächen?
- Liebt das Kind Geschichten, Vorlesen, Reime etc.?

- Bei welchen Themen zeigt es Interesse?
- Wie teilt das Kind sich mit? Fragt es viel und interessiert?

Ein mehrsprachiges Kind, das nur im Kindergarten regelmäßig mit der deutschen Sprache in Kontakt kommt, wird längere Zeit brauchen, um beispielsweise Satzstrukturen der deutschen Sprache zu erkennen, als ein Kind, das auch außerhalb des Kindergartens regelmäßig die deutsche Sprache hört und eventuell auch spricht. Ein Kind, das sich von selbst gerne mitteilt oder viel fragt, lernt schneller über den eigenen Gebrauch die Sprache. Dagegen muss ein eher stilles Kind zum Sprechen angeregt und motiviert werden, indem man Dinge aufgreift, die ihm gefallen und es interessieren.

Für Ramona könnte der ausgefüllte Förderplan folgendermaßen aussehen (Tab. 7.3):

Name des Kindes: Ramona (Alter: 4;9)			Zeitraum der Förderung: Mitte Januar – Ende Februar		
Sprachebenen	Diagnose: Stärken	Diagnose: Defizite	Zielbestimmung	Fördermaßnahme/Zeitraum	Evaluation, Konsequenzen
phonetisch-phonologisch	durchschnittlich				
semantisch-lexikalisch		Sätze verstehen	Wortschatz im Interessensgebiet erweitern	dialogisches Vorlesen	
morphologisch-syntaktisch	Verbzweitstellung	Verbklammer, Wortmarkierungen	Satzbau (Verbzweitstellung und Verbklammer) sicher	syntaktisches Modellieren (Sätze mit Verbklammer)	Sprachprobe nach ca. sechs Wochen
pragmatisch-kommunikativ	Sie erzählt gerne				
weitere Beobachtungen	liebt Bilderbücher	??			

Name des Kindes: Ramona (Alter: 4;9)			Zeitraum der Förderung: Mitte Januar – Ende Februar		
Sprachebenen	Diagnose: Stärken	Diagnose: Defizite	Zielbestimmung	Fördermaßnahme/Zeitraum	Evaluation, Konsequenzen
Kind-Umfeld-Analyse	zweisprachig	Freunde?	Wie sind die Fähigkeiten in der Erstsprache?	Elterngespräch (evtl. Ziele konkretisieren)	evtl. Beobachtungsaufgabe für die Eltern

Tab. 7.3: Förderplan für Ramona (nach Knapp/Kucharz/Gasteiger-Klicpera 2010)

Nach einer Zeit von etwa sechs bis acht Wochen, in denen intensiv mit Ramona an diesem Ziel gearbeitet wurde, wiederholt man eine Sprachprobe (oder ein anderes diagnostisches Verfahren, das zur Feststellung von Fortschritten im Förderbereich geeignet ist) und überprüft, ob sich der Satzbau weiterentwickelt hat. Hat das Kind die nächste Stufe in der Entwicklung sicher erreicht, kann entweder weiter auf der Satzebene gefördert oder der nächste Förderbereich angegangen werden, z. B. die Grammatik auf der Wortebene oder der Wortschatz hinsichtlich der Verwendung von Präpositionen. Ist ein Fortschritt auf der Ebene der Satzstrukturen erkennbar, aber die nächste Stufe noch nicht stabil, wird in der gleichen Weise weitergefördert. Sind keine Verbesserungen feststellbar, ist die Förderplanung noch einmal neu zu überdenken, z. B. ob sie intensiviert oder eine andere Fördertechnik angewendet werden soll. Wenn auch dann noch keine Verbesserungen erkennbar werden, ist eine therapeutische Überprüfung in Erwägung zu sehen.

Übung 7.3: Erstellen eines Förderplans

Ziel:
Die Teilnehmer/innen sollen das bisher Gehörte nun selbstständig anwenden und anhand einer selbst erhobenen Sprachprobe einen Förderplan erstellen.

Material:
Selbst erhobene Sprachprobe (vgl. Fortbildung Sprachdiagnostik – vgl. Download-Bereich: AB zu Übung7.3

Auftrag: (ca. 20 min.)
- Erstellen Sie nun für ein Kind, von dem Sie eine Sprachprobe erhoben haben, einen vollständigen Förderplan.
- Analysieren Sie die Sprachprobe zunächst hinsichtlich des Sprachstands des Kindes nach seinen Stärken und Schwächen. Sie können dabei auch auf die Analyse zurückgreifen, die Sie in der Fortbildung zur Diagnostik durchgeführt haben.
- Konzentrieren Sie sich auf die Analyse der Grammatik (Syntax, evtl. Morphologie): Wo steht das Kind?
- Welche ist die nächste Stufe der Entwicklung?

- Wie kann die Erreichung durch mich unterstützt werden?
- Tragen Sie nun Ihre Überlegungen in die Tabelle ein.
- Besprechen Sie sich anschließend mit Ihrer Teampartnerin.
- Vereinbaren Sie möglichst konkrete Schritte.
- Planen Sie eine Überprüfung ein: wie könnte diese aussehen?

Hinweise:

Für die Analyse kann sinnvoller Weise auf die selbst erhobene Sprachprobe zurückgegriffen werden, die bereits in der zweiten Fortbildung zur Diagnostik genutzt wurde. Ein gegenseitiges Vorstellen und Besprechen des Förderplans empfiehlt sich hier mit der Teampartnerin, weil man sich dann im Alltag auch daran erinnern kann, das Kind speziell in den Blick zu nehmen.

Der Förderplan sollte so ausgefüllt sein, dass eine sofortige Umsetzung möglich ist. Dazu werden die Teilnehmer/innen ermuntert mit dem Auftrag, in der nächsten Fortbildung über ihre Erfahrungen zu berichten.

Auswertung in Partnerarbeit: (ca. 15 min.)

Nach Erstellung des Förderplans tauschen sich die Teampartner/innen darüber aus und stellen sich ihre Pläne gegenseitig vor.

Als Fortbildner/in gehen Sie während der Arbeitsphase herum, beantworten Fragen und achten darauf, dass die Förderziele und -maßnahmen möglichst kleinschrittig und konkret formuliert werden.

7.4 Von der standardisierten Diagnostik zur Förderplanung

In fast allen Bundesländern werden die Kinder im Kindergarten einem Sprachtest oder Sprach-Screening unterzogen – teils wenige Monate, teils bis zu anderthalb Jahre vor der Einschulung. Ziel ist es dabei, Kinder zu identifizieren, die eine spezifische Sprachförderung benötigen, um erfolgreich dem Grundschulunterricht folgen zu können. Demnach liegen in der Regel den Pädagog/innen im Kindergarten, teilweise auch in der Schule, zahlreiche Daten zum Sprachstand der Kinder vor, die genutzt werden können und sollten.

In diesem Teil der Fortbildung zur Förderplanung geht es darum, welche Informationen aus den Testergebnissen gewonnen werden können, um damit Sprachförderung zu planen.

Für eine genaue Förderplanung reichen die Informationen, die man in einem Sprach-Screening erhält, in der Regel nicht aus; es muss eine weitere Diagnostik erfolgen. Sprachtests bestehen aus verschiedenen Untertests, die jeweils bestimmte Bereiche überprüfen, die für die Sprachentwicklung relevant sind.

Im Folgenden wird am Beispiel des Sprachtests SETK 3–5 (Grimm 2001) das Vorgehen exemplarisch gezeigt. Auch hier orientiert sich der Ablauf der Förderplanung an dem beschriebenen Schema (vgl. Abb. 7.1). Zunächst muss identifiziert werden, welche Untertests Informationen zu welchen Sprachebenen geben. In einem weiteren Schritt wird am konkreten Testergebnis eines Kindes geschaut, in welchen Untertests es auffällig und in welchen unauffällig ist. Für eine gezielte Förderung sind vor allem die Bereiche für die Förderung vorzusehen, die als auffällig diagnostiziert wurden. Die dafür passende Förderstrategie orientiert sich an den Sprachfördertechniken, wie sie in der Fortbildung zur alltagsintegrierten Sprachförderung vorgestellt werden (vgl. Kap. 8.5).

Der SETK 3–5 besteht aus sechs Untertests, die drei Leistungsbereichen zugeordnet sind. Tabelle 7.4 zeigt übersichtlich die Untertests, die jeweilige Sprachebene, die damit erfasst wird, sowie Möglichkeiten der Förderung.

Untertest	Sprachebene	Fördermöglichkeit
Sprachverstehen		
UT VS Verstehen von Sätzen	Semantik Syntax, Morphologie	Wortschatzerweiterung durch Kommunikation, Geschichten, semantische Modellierung
Sprachproduktion		
UT MR Morphologische Regeln	Morphologie (Wortgrammatik, Pluralbildung)	Morphologisches Modellieren und korrektives Feedback
UT ESR Enkodierung semantischer Relationen	Semantik	Semantische Modellierung

Untertest	Sprachebene	Fördermöglichkeit
Satzgedächtnis		
UT PGN Nachsprechen von Nichtwörtern	Phonologisches Arbeitsgedächtnis	Reime, Lieder, Gedichte, Sprachspiele
UT GW Wortfolgen nachsprechen	Phonologisches Arbeitsgedächtnis	Reime, Lieder, Gedichte, Sprachspiele
UT SG Nachsprechen von Sätzen	Syntax, Morphologie	Syntaktische Modellierung

Tab. 7.4: SETK-Untertests mit der jeweiligen diagnostizierten Sprachebene und passenden Fördermöglichkeiten

Mithilfe der Analyse der jeweiligen Testergebnisse eines Kindes lassen sich mögliche Förderstrategien identifizieren. Das genaue Kompetenzniveau lässt sich dagegen aus dem Punktewert oder Prozentrang des Testergebnisses nicht ablesen; dazu ist eine weitere Beobachtung notwendig.

Übung 7.4: Identifizierung von geeigneten Fördermöglichkeiten nach Testergebnis.

Ziel:

Die Teilnehmer/innen sollen das Gehörte selbstständig anwenden, indem sie ein vorliegendes Testergebnis analysieren und sinnvolle Fördermöglichkeiten planen.

Material:

Arbeitsauftrag und Materialien – siehe Downloadbereich: AB zu Übung 7.4

Auftrag: (ca. 10–15 min.)

Erstellen Sie im gemischten Team (Erzieher/in und Lehrer/in) einen Sprachförderplan für Mara (4;4 Jahre; zweisprachig) anhand der vorliegenden Testergebnisse für fünf Untertests des SETK 3-5.

- Diagnostizieren Sie zunächst, in welchen Bereichen ihre Sprachentwicklung auffällig ist (siehe Fortbildung zur Diagnostik) (nicht alle Angaben sind so eindeutig zu interpretieren).
- Ergänzen Sie dann in den entsprechenden Feldern geeignete Förderstrategien (siehe Fortbildung zur alltagsintegrierten Sprachförderung).

Auswertung: (ca. 15 min.)

Nachdem die Testergebnisse analysiert wurden, kann im Plenum diskutiert werden, wie eine angemessene Förderung daraufhin geplant werden kann. Dazu können folgende Fragen das Gespräch strukturieren:

- Welcher Sprachbereich soll als erstes gefördert werden? Warum?
- Was sind die nächsten Schritte, welche Maßnahmen könnten förderlich sein?
- Wie und wann kann man die Erreichung des Ziels überprüfen?

Zur Klärung kann vor allem auf die Inhalte der Fortbildung zur Erstellung eines Förderplans zurückgegriffen werden.

Lösung:

SETK Untertest	Testergebnis T-Wert; $\varnothing = 40-60$	Auffällig?	Fördermöglichkeit
UT VS Verstehen von Sätzen	26	ja	Wortschatzerweiterung durch Kommunikation, Geschichten, semantische Modellierung
UT SG Nachsprechen von Sätzen	24	ja	Syntaktische Modellierung
UT PGN Nachsprechen von Nichtwörtern	50	nein	–
UT MR Morphologische Regeln	32	ja	Morphologische Modellierung und korrektives Feedback
UT GW Wortfolgen nachsprechen	Anzahl 4	nein	–

> **Diskussion 7.1: Förderplanung**
>
> Nachdem die Testergebnisse analysiert wurden, kann im Plenum diskutiert werden, wie eine angemessene Förderung daraufhin geplant werden kann. Dazu können folgende Fragen das Gespräch strukturieren:
>
> - Welcher Sprachbereich soll als erstes gefördert werden? Warum?
> - Was sind die nächsten Schritte, welche Maßnahmen könnten förderlich sein?
> - Wie und wann kann man die Erreichung des Ziels überprüfen?
>
> Zur Klärung kann vor allem auf die Inhalte der Fortbildung zur Erstellung eines Förderplans zurückgegriffen werden.

Einen ähnlich differenzierten Sprachtest gibt es auch für das Grundschulalter: den P-ITPA (Esser/Wyschkon 2010; vgl. Kap. 6).

Der P-ITPA versucht differenziert, die Entwicklung in verschiedenen Sprachebenen zu erfassen und abzubilden durch sechs bis acht Untertests. Den einzelnen Untertests lassen sich wieder bestimmte Sprachebenen zuordnen, deren Niveau sie messen. Zur Förderung dieser jeweiligen Sprachebenen kann auf die Förderstrategien zurückgegriffen werden, die in der Fortbildung zur alltagsintegrierten Sprachförderung thematisiert werden (vgl. Kap. 8.5). Folgende Tabelle gibt einen Überblick (Tab. 7.7):

Untertest	Sprachebene	Fördermöglichkeit
Verbale Intelligenz		
UT 1 Analogien bilden	Wortschatz (Lexikon), Analogien	Geschichten, semantische Erweiterungen
Sprachproduktion		
UT 2 Wortschatz	Wortschatz	Sprachspiele, Gespräch
UT 3 Grammatik	Morphologie (Plural, Vergangenheitsformen, Adjektive)	Morphologische Umformungen
UT 4 Unsinns-Sätze nachsprechen	Syntax, auditives Kurzzeitgedächtnis	Syntaktische Ergänzungen

Untertest	Sprachebene	Fördermöglichkeit
UT 5 Reime Vokale ersetzen Konsonanten auslassen	Phonologische Bewusstheit	Reime, Sprachspiele, Silben etc.
Sprachgedächtnis (siehe auch UT 4)		
UT 6 Reime	auditives Kurzzeitgedächtnis	Reime, Gedichte etc.

Tab. 7.5: Analyse und Fördermöglichkeit beim Sprachtest P-ITPA

Keine Aussagen machen solche Sprachtests zum Umfeld des Kindes. Sie erfassen bei mehrsprachigen Kindern auch nicht die Sprachkompetenz in der Erstsprache oder Intensität und Dauer des Kontaktes zur deutschen Sprache. Solche zusätzlich wichtigen Informationen bieten halb-standardisierte Beobachtungsverfahren wie SISMIK, SELDAK oder SELSA, die in vielen Einrichtungen verwendet werden. Diese Beobachtungsverfahren bieten die Möglichkeit für die Kind-Umfeld-Analyse und geben Hinweise auf besondere Interessen des Kindes etc., die für die Erstellung eines Förderplans wichtig sind. Darüber geben Testergebnisse aus Screenings oder Sprachtests keine Hinweise. Für die folgende Übung kann auch auf solche Beobachtungsverfahren zurückgegriffen werden.

Übung 7.5 : Einen Sprachförderplan erstellen nach Testergebnissen

Ziel:

Die Teilnehmer/innen sollen das bisher Gehörte nun selbstständig anwenden, indem sie einen Förderplan erstellen.

Material:

Arbeitsauftrag und Materialien – vgl. Download-Bereich: AB zu Übung7.5

Auftrag: (ca. 30–45 min.)

Erstellen Sie im gemischten Team (je zwei Erzieher/innen und Lehrer/innen) einen Sprachförderplan. Verwenden Sie dazu Beobachtungs- und/oder Testergebnisse von Kindern, die Sie vorliegen haben. Durchlaufen Sie dabei alle Schritte der Förderplanung.

Auswertung: (ca. 5 min)

Klären von offenen Fragen

Hinweise:

Hier sollen alle Instrumente zur Anwendung kommen, die in den beiden Fortbildungen zur Förderplanung thematisiert wurden. Es genügt, wenn dies für ein oder zwei Kinder durchgeführt wird. Wichtig ist, dass sich die Gruppe auf einen klar definierten Förderbereich festlegt und möglichst konkret die Fördermöglichkeiten beschreibt. Ziel ist, mit einem solchen Förderplan konkret zu arbeiten.

Für die Umsetzung der so geplanten Förderung bietet es sich an, den Pädagog/innen einen präzisen Auftrag für ihren Arbeitsalltag zu geben und diesen dann individuell beim Coaching zu besprechen (vgl. Kap. 10)

Übung 7.6: Arbeit mit einem Förderplan

Ziel:

Die Teilnehmer/innen sollen das bisher Gehörte nun selbstständig anwenden, indem sie einen Förderplan in der Praxis umsetzen.

Material:

Bereits erhobene Sprachproben bzw. noch zu erhebende Sprachproben oder vorliegende Ergebnisse von Sprachtests; Tabelle mit Sprachförderplan (vgl. AB zu Übung 7.3)

Arbeitsauftrag und Materialien – vgl. Download-Bereich: AB zu Übung 7.6

Auftrag (einzeln oder im Team vor Ort - bis zum nächsten Coaching):

Arbeiten Sie mit dem Förderplan mit mindestens zwei Kindern. Planen Sie konkrete Zeitfenster ein:

- An welchen Tagen in welchen Situationen arbeite ich mit welcher Strategie (Sprachfördertechnik) mit diesem Kind bzw. Kindern?
- Dokumentation der Förderung
- Wann überprüfe ich den Fortschritt (z.B. nach 6 Wochen)?

Auswertung:

Erfolgt am besten einzeln im Rahmen des nächsten Coachings. Rückmeldung von Erfahrungen auch in der nächsten Fortbildung möglich.

Literaturtipp zum Thema »Sprachförderplanung«

Knapp, W./Kucharz, D./Gasteiger-Klicpera, B. (2010): Sprache fördern im Kindergarten. Kapitel 3. Weinheim und Basel: Beltz.

8. Alltagsintegrierte Sprachförderung

Ziele der Fortbildung »Alltagsintegrierte Sprachförderung«
- Kennenlernen der Unterschiede zwischen inszenierter und alltagsintegrierter Sprachförderung
- Identifizieren geeigneter Situationen im Kindergarten- und Unterrichtsalltag für integrierte Sprachförderung
- Kennenlernen von Sprachförderstrategien wie Korrektives Feedback, Stimulierungs- und Modellierungstechniken
- Gezieltes Anwenden von Korrektivem Feedback, Modellierungs- und Stimulierungstechniken in der Arbeit mit Kindern

8.1 Relevanz des Fortbildungsthemas

In den vergangenen Jahren wurden viele Sprachfördergruppen in Kindergärten und Grundschulen eingerichtet, in denen alle Kinder mit Sprachförderbedarf zusammengefasst wurden und sie in extra Stunden Sprachförderung erhielten. Diese Form der Sprachförderung wird als »inszenierte Sprachförderung« bezeichnet (manchmal auch »spezifische« oder »additive«). Sie erfordert besonders viel Personal-, Raum- und Geldaufwand, erwies sich aber in der Evaluation nur als wenig erfolgreich (Gasteiger-Klicpera/Knapp/Kucharz 2010; Roos/Plotzek/Schöler 2010; Gretsch/Fröhlich-Gildhoff 2012). Deshalb werden in der letzten Zeit vermehrt Maßnahmen von alltagsintegrierter Sprachförderung (oft auch »Sprachbildung«) forciert, weil man sich davon mehr Erfolg verspricht (Lisker 2011; Kiziak/Kreuter/Klingholz 2012). Zwei Hauptargumente gibt es, die das plausibel erscheinen lassen: Erstens werden alle Kinder einer Kindergartengruppe oder Schulklasse gemeinsam gefördert, sodass Kinder mit Sprachförderbedarf auch von sprachstarken Kindern lernen können, was in den spezifischen Fördergruppen in der Regel nicht möglich ist. Zweitens erfolgt dadurch die sprachliche Förderung in alltäglichen und damit authentischen Spiel- und Arbeitssituationen; sie ist situationsangemessener, kann besser auf das jeweilige Kind mit seinen individuellen Stärken und Schwächen angepasst werden und sorgt dadurch beim Kind für eine größere Motivation. Die Förderung selbst kann von der Pädagog/in zeitlich und räumlich flexibel umgesetzt werden.

In diesem Kapitel werden die wesentlichen Prinzipien alltagsintegrierter Sprachförderung erläutert. Geeignete Situationen zur Förderung, die Bedeutung des Sprachvorbilds sowie Sprachförderstrategien werden beschrieben und an Beispielen verdeutlicht.

8.2 Was ist alltagsintegrierte Sprachförderung?

Wie bereits in der Einleitung erwähnt, versteht sich alltagsintegrierte Sprachbildung und -förderung als Gegenmodell zur inszenierten Sprachförderung. Letztere wird speziell für Kinder mit Sprachförderbedarf in einer Kleingruppe angeboten, oft am Übergang vom Kindergarten in die Grundschule (z. B. in Baden-Württemberg mit »Sag' mal was – Sprachförderung für Vorschulkinder« – inzwischen durch »SPATZ« abgelöst, in Hessen mit sogenannten »Vorlaufkursen«, in Niedersachsen mit »Fit in Deutsch«). Alltagsintegrierte Sprachförderung findet dagegen für alle Kinder im Kindergarten- oder Schulalltag statt, während der gesamten Kindergarten- und Grundschulzeit. In der Expertise »Bildung in Sprache und Schrift (BISS)« (Schneider et al. 2012) werden die beiden Formen von Sprachförderung ergänzend betrachtet: Inszenierte Sprachförderung wird als die eigentliche »Sprachförderung«, die alltagsintegrierte Form als »Sprachbildung« bezeichnet. Erstere fokussiert Kinder mit Sprachförderbedarf und findet meist in Kleingruppen statt, während Sprachbildung alle Kinder umfasst (Schneider et al. 2012). In unserem Konzept dagegen werden sowohl die Kinder mit als auch die ohne Sprachförderbedarf alltagsintegriert und gemeinsam gefördert. Davon abzugrenzen ist die Sprachtherapie, die in spezifischen Einrichtungen stattfindet (z. B. Logopädie) und für Kinder mit Sprachentwicklungsstörungen vorgesehen ist.

Folgerichtig ist die alltagsintegrierte Sprachförderung zwischen dem »Sprachbad im Alltag« und der »systematischen Sprachvermittlung« einzuordnen. Das »Sprachbad im Alltag« beschreibt die Situation, in der Kinder mit Deutsch als Zweitsprache und sehr geringen Deutschkenntnissen oder einsprachige Kinder mit einem wenig entwickelten Sprachstand im Kindergarten- und Schulalltag einfach der deutschen Umgangssprache ausgesetzt werden, also in sie – bildlich gesprochen – eintauchen (Immersion). Viele Kinder erwerben so tatsächlich die Umgebungssprache, das bedeutet, es gelingt ihnen aus dem umfangreichen Sprachangebot die für sie relevanten und angemessenen Strukturen herauszufiltern und aufzunehmen. Doch das gilt nicht für alle Kinder – einige sind durch dieses Angebot überfordert und »tauchen unter«. Hier spricht man von »Submersion« (Cummins 1980). Auch wir wären überfordert, wenn man uns in ein fremdes Land brächte, z. B. nach China, in dem niemand unsere Sprache spricht und wir einfach mitschwimmen müssten, ohne Anhaltspunkte und Unterstützung, diese Sprache zu erlernen.

Ein Sprachbad im Sinne von »Immersion« dagegen kann sehr hilfreich sein, um eine neue Sprache zu erwerben. Hierbei wird das Sprechen unterstützt durch Gesten und Bilder, es werden einfache, immer wiederkehrende Satzmuster verwendet und zentrale Wörter häufig wiederholt (Burmeister/Piske/Rohde 2002).

Demgegenüber geht eine systematische Sprachvermittlung von einem schrittweisen Vorgehen aus, vergleichbar mit dem Fremdsprachenlernen. Grammatische Strukturen und der Wortschatz einer Sprache werden vom Einfachen zum Komplexen fortschreitend angeboten, in einzelne Bausteine oder Lektionen unterteilt. Einige Sprachförderprogramme gehen so vor, z. B. das Programm »Neue Wege der sprachlichen Frühförderung von Migrantenkindern« (Penner 2003) oder das Programm »Elleressemene« (Klatt 2006). Die Schwierigkeit bei solchen Programmen liegt darin, dass sie nicht genau an dem jeweils individuellen Sprachstand des einzelnen Kindes ansetzen, sondern die Bausteine systematisch und nacheinander abgearbeitet werden. Die Förderung selbst mit ihren Spielen, Materialien und Übungen findet in der Regel losgelöst von der Alltags-, Spiel- und Interessenssituation der Kinder statt, sodass sie häufig den Sinn mancher Übungen nicht verstehen und wenig motiviert sind. Die Analyse von Videoaufnahmen, die bei der Durchführung solcher Programme gemacht wurden, konnten das bestätigen (Gasteiger-Klicpera/Knapp/Kucharz 2010; Knapp/Kucharz/Gasteiger-Klicpera 2010). Zudem ließ sich feststellen, dass der Redeanteil der Kinder im Verhältnis zu dem der Sprachförderkraft äußerst gering ausfiel. Die Kinder hatten von sich aus wenig mitzuteilen und antworteten nur knapp auf die Fragen, die die Pädagog/innen ihnen stellten (Ricard-Brede 2011).

Alltagsintegrierte Sprachförderung nimmt eine Zwischenstellung ein, indem sie nicht in gesonderten Gruppen und Zeiten stattfindet, sondern immer und überall, während die Kinder im Kindergarten oder in der Schule sind. Die Pädagog/innen überlassen aber die Kinder nicht sich selbst, sondern setzen gezielte sprachförderliche Strategien ein, um deren Sprachentwicklung im Deutschen zu unterstützen, die in Kap. 8.5 erläutert werden.

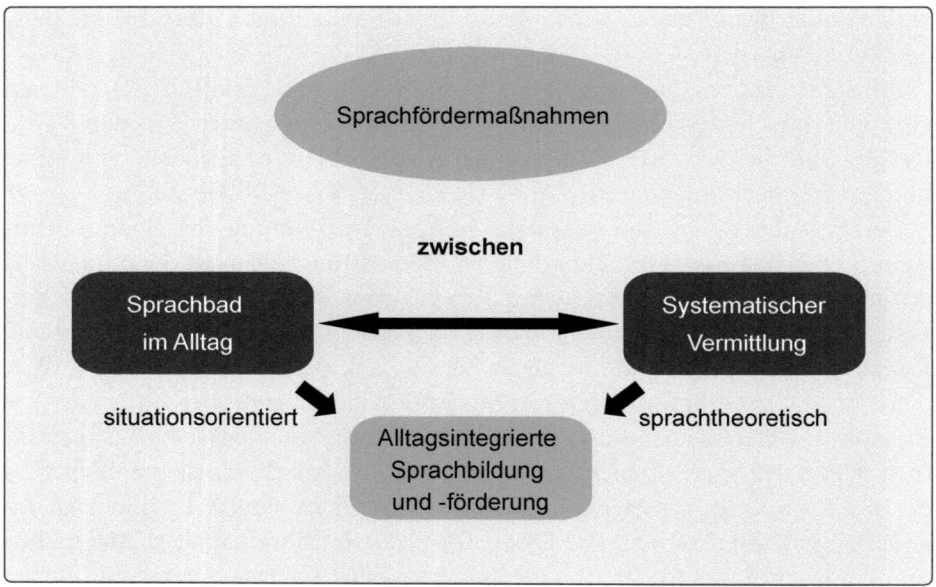

Abb. 8.1: alltagsintegrierte Sprachförderung zwischen Sprachbad und inszenierter Sprachförderung

Übung 8.1: Vergleich von Wortschatzarbeit

Ziel:

Die Teilnehmer/innen sollen den Unterschied zwischen alltagsintegrierter und inszenierter Sprachförderung anhand von Situations-Transkripten herausarbeiten.

Material:

Arbeitsauftrag und Materialien – vgl. Download-Bereich: Übung 8.1

Auftrag: (ca. 20 min)

Einzelarbeit (zehn Minuten)

Lesen Sie die beiden Transkripte von Sprachfördersituationen durch.

Arbeit im Tandem (zehn Minuten)

- Was finden Sie an den beiden Sequenzen besonders gelungen, was halten Sie für problematisch?
- Worin sehen Sie Vor- und Nachteile inszenierter Fördersituationen und sprachsensibel gestalteter Alltagssituationen?

Lösung:

In der Spielsituation zur Benennung von Körperteilen, einer inszenierten Sprachfördersituation, bekommen die Kinder wenig sprachlichen Input: Sie wenden immer wieder den gleichen, sehr eingeschränkten Satz an (»Das ist dem Margomit sein Fuß«) und benennen Körperteile, die sie in der Regel schon kennen. Die Verwendung des Possessivpronomens erschließt sich den Kindern nicht wirklich, in ihren Äußerungen sind am Ende keine wesentlichen Fortschritte erkennbar.

In der zweiten Situation beim Malen entsteht die Frage nach der passenden Bezeichnung für »Mund« aus der Situation heraus. Hier haben die Kinder ein eigenes Interesse daran, das richtige Wort zu erfahren; der sprachliche Input der Pädagogin und der Output der Kinder sind vielfältiger als in der anderen Situation.

8.3 Für Sprachförderung geeignete Alltagssituationen

Diskussion 8.1: Geeignete Alltagssituationen

Frage:

Überlegen Sie, welche Situationen im Kindergartenalltag oder während des Unterrichts und Schultags geeignete Situationen sein könnten, in denen Sie im Gespräch mit einzelnen oder mehreren Kindern sind (sammeln Sie die Antworten, z. B. an Flipchart oder Tafel. Evtl. sortieren Sie nach typischen Kindergarten- und Unterrichtssituationen).

Mögliche Antworten:

Kindergarten: Morgens bei der Begrüßung und mittags beim Verabschieden, beim Frühstücken, beim Vorlesen und Bilderbuchbetrachten, beim Regelspiel, beim Rollenspiel, beim Bauen, Malen, Basteln, im Garten im Sandkasten, beim Jacke-/Schuheanziehen, Ausziehen, beim Aufräumen etc.

Schule: bei der Begrüßung und Verabschiedung, im Gesprächskreis, beim Unterrichtsgespräch, in Phasen selbstgesteuerten Lernens, in der Pause, beim Dingeholen oder -herrichten, beim Aufräumen, Ausflug etc.

Sobald man etwas nachdenkt, fallen einem viele Situationen während des Kindergarten- oder Unterrichtsalltags ein, die man für sprachförderliches Handeln nutzen kann – eigentlich immer, wenn miteinander gesprochen wird. Darüber hinaus lassen sich auch Organisationshandlungen wie das Tischdecken oder Verteilen von Arbeitsblättern sprachlich begleiten und können dadurch einen sprachanregenden Input bieten (Knapp/Kucharz/Gasteiger-Klicpera 2010, Ricart Brede 2011).

Die verschiedenen Situationen variieren deutlich hinsichtlich ihrer Dauer, der beteiligten Anzahl an Kindern und des Gesprächsinhalts. Manche Situationen dauern nur wenige Minuten – das sind in der Regel Organisationssequenzen. Dafür kommen sie häufig über den Tag verteilt vor. Andere wiederum dauern deutlich länger, beispielsweise wenn Kinder beim Spielen oder selbstständigen Arbeiten sprachlich begleitet werden. In manchen Situationen ist die ganze Kindergruppe beteiligt, z. B. beim Gesprächskreis, manchmal eine kleinere Gruppe von Kindern. Es gibt aber auch Situationen, die ganz bewusst als Dyade, also als Dialog zwischen dem/der Pädagog/in und einem bestimmten Kind gestaltet werden können. Dafür eignen sich vor allem Begrüßungs- und Verabschiedungssituationen, aber auch Spiel- und Lernsequenzen können so genutzt werden (Knapp/Kucharz/Gasteiger-Klicpera 2010).

8.4 Prinzipien alltagsintegrierter Sprachförderung

8.4.1 *Sprachvorbild*

Kinder erwerben Sprache in der Interaktion mit Erwachsenen (vgl. Kap. 4), Die erwachsenen Bezugspersonen geben dem Kind mit ihrem Sprechen sozusagen die Vorlage; sie fungieren als Sprachvorbild und bieten ihnen reichhaltigen Input auf den verschiedenen Sprachebenen an. Aus den sprachlichen Äußerungen der Erwachsenen erkennen die Kinder beim Spracherwerb die grammatikalischen Strukturen einer Sprache, sie erweitern ihren Wortschatz und lernen die Funktion der Kommunikation (z. B. Pianta/Cox/Snow 2007, Jampert/Thanner/Schattel/Sens/Zehnbauer/Best/Laier 2011; Pianta/Howes 2011; Hellrung 2012).

Für Kindergarten und Grundschule bedeutet das, dass nicht nur die Eltern, sondern auch die Erzieher/innen und Lehrer/innen für die Kinder Sprachvorbilder sind, an denen sie die Sprache lernen bzw. ihre Sprachkompetenz erweitern können. Damit dies gelingt, ist eine möglichst umfassende und korrekte Sprache als Vorbild notwendig.

Die korrekteste Sprache ist die Standardsprache oder Schriftsprache – sie formuliert regelkonform und möglichst präzise, damit das Ausgedrückte auch ohne Nachfragen verständlich ist. In der alltäglichen mündlichen Kommunikation wird dagegen eher Umgangssprache verwendet. Sie muss nicht ohne zusätzliche Erklärungen verständlich sein und kann sich häufig auf konkrete Situationen beziehen. Das bedeutet, dass sie im Gegensatz zur Schriftsprache weniger korrekt, präzise und regelkonform ist, sondern vor allem ökonomisch gebraucht wird. Die Umgangssprache ist von Auslassungen und Verschleifungen gekennzeichnet: Oft genügen Halbsätze oder Teilsätze, um zu verstehen, was gemeint ist, Endungen werden verschluckt oder verschliffen und kaum deutlich ausgesprochen. Dazu kommen häufig dialektale Verfärbungen (z. B. das Schwäbische) oder für eine soziale Gruppe typische Redewendungen (z. B. die Jugendsprache), die in der Alltagssprache gebräuchlich sind, in der Schriftsprache aber kaum vorkommen (Knapp/Kucharz/Gasteiger-Klicpera 2010; Löffler 2011).

Aufgrund der Einbettung in alltägliche Situationen wird in alltagsintegrierter Sprachförderung von Pädagog/innen häufig Umgangssprache bzw. ein Dialekt benutzt, also sind ihre Formulierungen nicht immer fehlerfrei und standardnah. Dies kann für Kinder problematisch sein, da sie aus dem Sprachangebot ihr Sprachwissen ableiten. Insbesondere einsprachige Kinder mit Sprachförderbedarf und mehrsprachige Kinder, die sonst wenig oder keine Chance haben, Standardsprache zu hören, brauchen ein möglichst exaktes Sprachvorbild mit vollständigen Sätzen, ausformulierten Wortendungen und präziser Begriffsverwendung (Löffler 2011). Obgleich es auch Gründe für die Nutzung von Umgangssprache und Dialekten gibt (z. B. Teil der Identität der Kinder), überzeugen Studien damit, dass die Nutzung der Standardsprache in Bildungseinrichtungen für Kinder am förderlichsten ist (z. B. Landert 2007; Gyger 2010). Darüber hinaus ist es wichtig, dass Kinder – gerade im Übergang vom Kindergarten in die Grundschule – den Unterschied zwischen Standardsprache und Umgangssprache bzw. Dialekt sowie deren unterschiedliche Verwendung je nach Situation kennenlernen (Löffler 2003).

Unter dem Aspekt der Sprachförderung sollten also Erwachsene, im pädagogischen Kontext Erzieher/innen und Lehrer/innen, eine reichhaltige und möglichst korrekte Sprache nutzen und dabei bewusst nah an der Standardsprache mit den Kindern kommunizieren (Knapp/Kucharz/Gasteiger-Klicpera 2010; Löffler 2011).

8.4.2 Sprachförderliche Alltagsgestaltung

In Kap. 8.3 wurden bereits mehrere Situationen benannt, die alltäglich im Kindergarten und in der Schule vorkommen und für Sprachförderung genutzt werden können. Das können Routinesituationen sein wie Begrüßung und Verabschiedung, es können organisatorische Sequenzen sein, in denen aufgeräumt, vorbereitet oder weggeräumt wird, es können beiläufige Situationen sein, z. B. beim Hinausgehen oder Jacke anziehen und es können gezielte Situationen sein beim Unterrichtsgespräch oder Bildungsangebot.

Bevor im folgenden Kapitel genauer die Mikrosituation, also die eigentliche Dialoggestaltung, in den Blick genommen wird, sollen hier zunächst Voraussetzungen benannt werden, damit solche Dialoge überhaupt stattfinden. Best/Laier/Jampert/Sens/Leuckefeld (2011, S. 103) mahnen dafür eine »Dialoghaltung« bei den Pädagog/innen an. Damit meinen sie, dass die Pädagog/innen eine Begegnung mit dem Kind eingehen – am besten in einer vertrauensvollen Beziehung und auf Augenhöhe. Damit man mit Kindern ins Gespräch kommen kann, muss ihnen zunächst signalisiert werden: »Ich interessiere mich für dich«, »Ich nehme wahr, wenn du etwas mitteilen oder erzählen möchtest«, »Ich gebe dir Raum zum Sprechen«, »Ich höre dir aufmerksam, geduldig und interessiert zu«, »Ich möchte dir auch etwas mitteilen« usw. Eltern tun dies in der Regel bei ihren kleinen Kindern und freuen sich über die sprachlichen Äußerungen ihres Kindes

Als Pädagog/in in Kindergarten und Schule ist man für viele Kinder zuständig und kann dem einzelnen Kind nicht die gleiche Zeit und Aufmerksamkeit widmen, wie das Eltern tun können. Aber dennoch kann man durch kleine Gesten wie sensible Wahrnehmung, aufmerksames und zugewandtes Zuhören oder Blickkontakt einem Kind signalisieren, dass man an dem, was es mitzuteilen hat, interessiert ist.

Dazu kommt die Bereitschaft, sich auf das Kind, seine Themen und sein Sprachniveau einzulassen und ihm die Zeit zuzugestehen, die es zum Antworten, zum Fragen oder Mitteilen benötigt (Best/Laier/Jampert/Sens/Leuckefeld 2011 u. a.). In der Unterrichtsforschung fand man heraus, wie wichtig es für das Lernen ist, wenn die Lehrkräfte den Schülerinnen und Schülern ausreichend Zeit und Raum zum Fragen und Antworten geben sowie das Tempo und Niveau den Kindern entsprechend anpassen (Helmke 2004).

Um Dialoge mit Kindern zu führen, gibt es verschiedene geeignete Sozialformen, die dafür genutzt werden können: Das kann die Dyade zwischen Pädagog/in und Kind sein, das kann ein Gespräch zwischen Pädagog/in und mehreren Kindern sein, es können Gespräche von Kindern untereinander sowie ein Gesprächskreis mit Pädagog/in und allen Kindern sein (Knapp/Kucharz/Gasteiger-Klicpera 2010).

Darüber hinaus bieten Erzählkreise u. Ä. gute Möglichkeiten, um mit Kindern in den Dialog zu kommen bzw. Kindern Raum zum Sprechen zu geben (Kucharz 2011). Am besten geeignet sind solche Situationen, in denen sich die Kinder gerne mitteilen möchten (vgl. Motsch 2006): Erzählen, was sie gestern Interessantes erlebt haben, ihre Entdeckungen und Deutungen zu einer Bilderbuchgeschichte mitteilen oder ihre Wünsche artikulieren. Gerade zur Förderung der Literalität eignen sich Gespräche über Bücher und Geschichten sowie das dialogische Vorlesen. Hier ist es leichter möglich, standardnahe und damit vorbildhafte Sprache zu verwenden, aber auch situationsspezifisch in Umgangssprache zu wechseln.

8.5 Sprachfördertechniken: Korrektives Feedback, Modellierungs- und Stimulierungstechniken

Damit in alltäglichen Kindergarten- und Unterrichtssituationen, wie sie in den vorherigen Kapiteln genannt wurden, auch tatsächlich die kindliche Sprachentwicklung angeregt wird, ist die Mikrosituation, also die Gestaltung des Miteinandersprechens, entscheidend. Als geeignete Strategie hat sich in der Sprachtherapie und Sprachheilpädagogik der Einsatz von Sprachfördertechniken bewährt, um Kinder mit Sprachentwicklungsstörungen zu therapieren. Dort werden verschiedene Techniken zur Korrektur, zur Stimulierung und zur Modellierung verwendet (Dannenbauer 2002; Motsch 2006). In ganz ähnlicher Weise agieren auch Eltern, wenn sie ihre kleinen Kinder sprachlich begleiten: Sie greifen kindliche Äußerungen auf und erweitern oder wiederholen sie. Das wird in der Sprachentwicklung »Scaffolding« (Gerüst geben) genannt und führt das Kind in die »Zone der nächsten Entwicklung« (Weinert/Grimm 2012; vgl. Kap. 4). Solche einerseits professionell, andererseits intuitiv angewendeten Sprachfördertechniken wurden für die alltagsintegrierte Sprachförderung im Fellbach-Konzept adaptiert (Kucharz 2011, 2012a, 2012b) (Tab. 8.1). Sie finden sich inzwischen auch in anderen aktuellen Veröffentlichungen zur professionellen Anwendung durch Pädagog/innen als wesentliche Methode alltagsintegrierter Sprachförderung (z.B. Hellrung 2012; Kiziak/Kreuter/Klingholz 2012; Ruberg/Rothweiler 2012).

Technik	Ziel	Verschiedene Formen		
Korrektives Feedback	verbessert indirekt sprachliche Fehler der Kinder, ermutigt sie	korrekte Wiederholung auf phonologischer Ebene (Aussprache, Lautbildung)	korrekte Wiederholung auf grammatikalischer Ebene (Wortbildung und Satzbau)	korrekte Wiederholung auf semantischer Ebene (Wortbedeutung)
Modellierung	erweitert oder verändert die kindlichen Äußerungen	syntaktische Ergänzungen (Satzbau)	semantische Erweiterungen (Wortschatz)	morphologische Umformungen (grammatikalische Formen)
Stimulierung	regt zum Sprechen an, gibt reichhaltigen Input	offene Fragen und Impulse	Parallel-Talking (sprachliche Begleitung von z.B. Handlungen)	

Tab. 8.1: Sprachfördertechniken im »Fellbach-Konzept« (in Anlehnung an Dannenbauer 2002)

Die Sprachfördertechniken ermöglichen ein Arbeiten direkt an den Interessen und Bedürfnissen sowie am Entwicklungsstand des jeweiligen Kindes. Das geschieht dadurch, dass die Pädagog/innen kein fremdes Material oder keine neue Aufgabe aus einem Förderprogramm einbringen, sondern die kindlichen Äußerungen in der Situation aufgegriffen und erweitert oder korrigierend wiederholt werden; oder in der Spielsituation stellen die Pädagog/innen eine offene Frage, die das Kind dazu herausfordert, von seinen Interessen, Gedanken, Handlungen und Gefühlen zu sprechen. Es sind also für die Kinder authentische Situationen, in denen sie sich sprachlich äußern; die Sprachförderung geschieht für sie »nebenbei«. Motsch (2006) nennt das Kontextoptimierung und meint damit, dass Kontexte oder Situationen für die Sprachförderung gewählt werden, in denen das Kind von sich aus Interesse zeigt und sich mitteilen möchte (situiertes Lernen). Die Pädagog/innen fungieren gleichzeitig als Sprachvorbild und bieten Satz-Modelle an. Diese helfen dem Kind, die typischen Strukturen der deutschen Sprache zu erfassen. Im Folgenden werden die verschiedenen Techniken einzeln erläutert.

8.5.1 Korrektives Feedback

Kinder brauchen Rückmeldungen – nicht nur zu dem, was sie gemacht oder bearbeitet haben, sondern auch zu dem, was sie gesagt und erzählt haben. Rückmeldungen haben die Funktion, die Leistungen des Kindes wahrzunehmen und wertzuschätzen, gleichzeitig aber auch Hinweise für Verbesserungen zu geben. Dies ist insbesondere in der frühen Sprachentwicklung wichtig, wenn Kinder zum sprachlichen Regelerwerb Hypothesen bilden und ausprobieren. Damit sie nicht fehlerhafte Regeln erlernen, ist eine Präsentation der korrekten Strukturen durch ihre Bezugspersonen unabdingbar. Beim Sprechen ist es wenig förderlich, wenn auf eine nicht korrekte Äußerung eines Kindes geantwortet wird: »Das heißt eigentlich so: … Wiederhole den Satz noch einmal richtig!« Das Kind fühlt sich unter Umständen eher beschämt und wird zukünftig weniger sprechen. Damit hätte man das Gegenteil von dem erreicht, was man eigentlich will. Sinnvoller ist es, die kindliche Äußerung in richtiger Weise zu wiederholen, z. B.: Kind: »Gestern bin in Zoo gehegt.« Erwachsene: »Ach wirklich, du bist gestern in den Zoo gegangen?« So hört das Kind seinen von ihm formulierten Satz in richtiger Weise, ohne dabei bloßgestellt zu werden, und ist weiterhin motiviert zu sprechen (Dannenbauer 1983; Adler 2011).

Das korrektive Feedback kann bezüglich verschiedener Sprachebenen eingesetzt werden: bei fehlerhafter oder unvollständiger Lautbildung (Phonologie), bei einem unvollständigen Satz oder fehlerhafter Satzstellung (Syntax), bei fehlenden oder falschen grammatikalischen Wortmarkierungen (Morphologie) oder bei fehlenden oder falsch verwendeten Wörtern (Lexik).

Übung 8.2: Korrektives Feedback

Ziel:
Die Teilnehmer/innen üben das Anwenden der Sprachfördertechnik »positives korrektives Feedback«.

Material:
–

Auftrag (in Kleingruppen): (10 min.)
Formulieren Sie zu jedem der folgenden Sprachebenen eine fehlerhafte kindliche Äußerung und notieren Sie dazu eine passende korrektive Antwort darauf, die das Kind ermutigt und nicht blamiert:

- Phonologische Ebene (Lautbildung)
- Morphologische Ebene (Wortbildung)
- Syntaktische Ebene (Satzbau)
- Lexikalische Ebene (Wortschatz).

Hinweis:
Die Lösungen müssen nicht in der Gesamtgruppe vorgestellt werden. Gehen Sie als Fortbildner/in zu den einzelnen Gruppen und schauen Sie, ob die erarbeiteten Vorschläge passend sind.

Lösungsmöglichkeit, exemplarisch:
- Phonologische Ebene: Kind: »Ich habe einen hoten Pulli an.« – Pädagog/in: »Genau, du hast heute deinen *roten* Pulli an.«
- Morphologische Ebene: Kind: »Ich gehe in Turnhalle.« – Pädagog/in: »Gut, du gehst in *die* Turnhalle.«
- Syntaktische Ebene: Kind: »Tim mir mein Auto immer wegnimmt.« – Pädagog/in: »Tim *nimmt* dir immer dein Auto weg?«
- Lexikalische Ebene: Kind: »Kannst du mir die Schuhe machen?« – Pädagog/in: »Ich kann dir die Schule *zumachen/zubinden.*«

8.5.2 Modellierungstechniken

Bei den Modellierungstechniken geht es – wie beim korrektiven Feedback – um die Reaktion der Pädagog/in auf die sprachlichen Äußerungen des Kindes. Dabei werden die kindlichen Äußerungen aufgegriffen und erweitert, was förderlicher für die kindliche Sprachentwicklung ist, als wenn Erweiterungen losgelöst von ihren Äußerungen gemacht würden. Das Ziel ist hierbei aber nicht nur, dass das Kind einen verbesserten Satz hört, sondern dass die kindlichen Äußerungen fortgeführt (= modelliert) werden. Dies kann durch Erweiterungen und Veränderungen geschehen. Sagt das Kind beim Betrachten eines Bilderbuches z. B. »Da ist eine Ente und da ist eine Ente«, kann die Pädagogin/der Pädagoge erwidern: »Da sind zwei Enten« oder »Da schwimmen zwei Enten auf dem Teich«. Die erste Antwort hilft eher jüngeren Kindern oder Kindern mit einem geringen deutschen Wortschatz; hier wird die Pluralbildung von »Ente« gezeigt. Die zweite Antwortvariante eignet sich eher für Kinder, die in ihrer Sprachentwicklung schon weiter sind; ihnen werden weitere Wörter im Zusammenhang mit dem Bild sowie eine etwas komplexere Satzstruktur angeboten. Man könnte auch antworten: »Da sind zwei Enten, die auf einem See schwimmen«; damit werden dann die Strukturen für Haupt- und Nebensatz mit der dazugehörigen Verbstellung angeregt. Mit den Modellierungstechniken kann man also genau am Sprachstand des Kindes ansetzen und ihm ein neues Sprachangebot machen, es also in die »Zone der nächsten Entwicklung« bringen (vgl. Kap. 4 und 7).

Theoretisch kann man drei Arten der Modellierung unterscheiden: die syntaktische Ergänzung, die morphologische Umformung und die semantische Erweiterung (Beispiele vgl. Download-Bereich). Oft findet jedoch eine Verbindung verschiedener Modellierungstechniken statt, wie in Kap. 8.6 noch beschrieben wird.

- *Syntaktische Ergänzung*: Bei dieser Technik geht es darum, unvollständige Sätze von Kindern zu vervollständigen oder kurze und einfache Sätze zu komplexeren zu ergänzen.
- *Morphologische Umformung*: Hierbei werden die kindlichen Äußerungen unter Veränderung von grammatikalischen Formen auf Wortebene wiedergegeben. Je nach Entwicklungsstand des Kindes konzentriert man sich dabei auf bestimmte Formen, die man dann häufig verwendet.
- *Semantische Erweiterung*: Im Zentrum dieser Technik steht die Erweiterung des Wortschatzes und des Satzverständnisses. Dazu werden neue Wörter zum Satz des Kindes hinzugefügt oder »Füllwörter« wie »Ding«, »das da«, »machen« o. Ä. durch präzise Wörter ersetzt. Darüber hinaus kann die Bedeutung des kindlichen Satzes durch zusätzliche inhaltliche Informationen erweitert werden.

Wann welche Technik angewendet wird, hängt vom Sprachstand des Kindes und der danach diagnostizierten »Zone der nächsten Entwicklung« ab (vgl. Kap. 7).

Übung 8.3: Modellierungstechniken

Ziel:

Die Teilnehmer/innen üben das Anwenden der verschiedenen Modellierungstechniken.

Material:

Arbeitsauftrag und Materialien – vgl. Download-Bereich: AB zu Übung 8.3

Auftrag (Einzelarbeit, Partnerarbeit oder Kleingruppe): (ca. 20 min.)

Greifen Sie folgende kindliche Äußerungen auf und modellieren Sie sie. Formulieren Sie verschiedene Möglichkeiten, jeweils auf der Ebene des Satzbaus, der Wortgrammatik und des Wort- bzw. Satzverständnisses.

1. Situation: Die Erzieherin fragt das Kind, ob es mit dem Basteln des Papierfliegers fertig ist. Kind: *»Noch gelb.«*
2. Situation: Das Kind erzählt: *»Ich komm' schon allein in Kindi.«*
3. Situation: Lehrerin und Kinder besprechen, wer welche Aufgabe als nächstes macht. Kind: *»Ich, ich hab' diese Kreise.«*
4. Situation: Im Unterrichtsgespräch wird besprochen, wie ein Mähdrescher funktioniert. Kind: *»Ich hab' das auch schon mal beobachtet, und da kommt so dieses … so irgendwie … hm … viereckiges Stroh …«*

Hinweis:

Häufig mischen sich die verschiedenen Ebenen, also eine Modellierung auf syntaktischer Ebene kann gleichzeitig eine Erweiterung auf der Satzebene beinhalten.

Lösung: (exemplarisch)

Syntaktische Modellierung (Satzbau):

1. »Du malst den Flieger noch gelb an, gut.«
2. »Weil du schon so groß bist, kommst du allein in den Kindi.«
3. »In Ordnung, du hast die Kreise als Vorlage.«
4. »Du hast beobachtet, wie aus dem Mähdrescher hinten Strohballen herauskommen.«

Morphologisches Modellieren (Wortbildung)

1. »Du bastelst *einen gelben* Papierflieger.«
2. »Du kommst schon allein *in den* Kindergarten.«
3. »Du arbeitest *mit den Kreisen*.«
4. »*Aus dem* Mähdrescher *kommen* Strohballen heraus.«

> Semantisches Modellieren (Wort- und Satzbedeutung)
> 1. »*Wenn* du deinen Flieger gelb angemalt hast, ist er fertig?«
> 2. »Du *gehst* alleine *zu Fuß* in den Kindergarten?«
> 3. »Du *schneidest* die Kreise *aus*.«
> 4. »Du meinst, dass im Mähdrescher das Stroh zu *Ballen gepresst* wird?«

8.5.3 Stimulierungstechniken

Das Ziel bei der Anwendung von Stimulierungstechniken ist es, Kinder zum Sprechen anzuregen, denn der Gebrauch der Sprache ermöglicht auch eine Weiterentwicklung in der Sprachkompetenz. Viele Kinder erzählen viel und gerne und benötigen keine besondere Aufforderung oder Ermunterung, um zu sprechen. Andere Kinder wiederum sind eher stiller oder trauen sich aufgrund geringer Sprachkenntnisse nicht und produzieren von sich aus wenig Sprache. Sie benötigen also besondere Aufmerksamkeit und Anregung bzw. viel sprachlichen Input. Bei den Stimulierungstechniken wirkt jeweils die Pädagog/in initiativ; sie folgen also nicht (unbedingt) kindlichen Äußerungen, sondern gehen ihnen voraus.

Es werden im Wesentlichen zwei verschiedene Arten unterschieden: zum einen das Parallel-Talking, das Sprachmuster anbietet, damit diese beim Sprechen verwendet werden können, und zum anderen offene Fragen oder Impulse, die zum Sprechen animieren bzw. herausfordern.

Das Parallel-Talking wird vor allem bei sehr jungen Kindern oder bei Kindern, die Schwierigkeiten beim Erstspracherwerb aufweisen oder noch über sehr geringe Kenntnisse in der Zweitsprache Deutsch verfügen, angewendet. Sie wären überfordert, wenn sie etwas erzählen sollten, weil ihnen der dafür erforderliche Wortschatz und/oder die erforderlichen morpho-syntaktischen (Grammatik und Satzbau) Strukturen fehlen. Damit sie selbst Sprache produzieren können, brauchen sie ein Angebot an Satzmustern und geeigneten Wörtern, an denen sie sich orientieren können und die es ihnen erleichtern, die Strukturen der deutschen Sprache zu identifizieren. Beim *Parallel-Talking* werden Handlungen und Gefühle der beteiligten Gesprächspartner/innen sprachlich begleitet, Wünsche und Intentionen sprachlich ausgedrückt. Dies kann je nach Sprachstand des Kindes mit einfacheren oder komplexeren Wörtern und Sätzen geschehen.

Beispiel: Das Kind zieht sich seine Jacke an. Sprachliche Begleitung durch die Pädagogin: »Du ziehst deine Jacke an. Danach ziehst du die Hausschuhe aus und deine Stiefel an. Möchtest du auch noch deine Mütze anziehen oder lieber deine Handschuhe?« Das Kind hat auf diese Weise mehrfach einfache Satzbildungen mit dem Verb »anziehen« gehört, wobei jedes Mal die Verbklammer verwendet wurde (»…ziehst … an«; »Möchtest … anziehen«). Zur Beantwortung der Frage am Schluss hat es ein Satzmuster erhalten, das es verwenden kann.

Auch zum Aufbau des Wortschatzes bietet sich Parallel-Talking in einem bestimmten Kontext an, in dem Wörter (Nomen, Verben, Adjektive, Adverbien, Präpositionen, Konjunktionen etc.) immer wieder in verschiedenen Zusammenhängen verwendet werden.

Die zweite Form, das Stellen offener Fragen, richtet sich an Kinder, die von sich aus wenig sprechen. Da aber zum Sprechenlernen auch das Sprechen gehört, benötigen solche Kinder eine Aufforderung oder einen Impuls von Seiten des Erwachsenen. Um als Pädagog/in den Sprachstand eines Kindes einschätzen zu können, ist er/sie ebenso auf längere sprachliche Äußerungen des Kindes angewiesen. Damit Kinder solche längeren Sprachäußerungen tun, sind für sie interessante und bedeutsame Situationen geeignet (Motsch 2006).

Impulse dieser Art können lauten: »Erzähl mal …« oder durch eine offene Frage erfolgen, z. B. »Wie fühlt sich das Kind auf dem Bild wohl?« Solche *offenen Fragen* provozieren in der Regel längere Antworten und nicht nur Einwortsätze. So könnte ein Kind hier antworten: »Das Kind ist bestimmt wütend.« oder »Vielleicht hat sich das Kind gerade mit dem anderen um den Ball gestritten und ist jetzt wütend.« Jedoch ist es manchmal gar nicht so leicht, offene Fragen zu formulieren – häufig werden im Alltag geschlossene Fragen gestellt, die nur kurze Antworten hervorrufen, z. B. : »Ist das Kind traurig?« – Antwort: »Ja« oder »Nein«; oder: »Was hat das Kind in der Hand?« – Antwort: »Einen Ball«. Geschlossene Fragen sind dann sinnvoll, wenn man von dem Kind bestimmte morphologische Strukturen hören möchte, wie im Beispiel den Akkusativ »einen Ball«.

Übung 8.4: Stimulierungstechniken

Ziel:
Anwenden von Stimulierungstechniken

Material:
vgl. Download-Bereich 8 – Folien Sprachförderung, Folie 33

Auftrag (im Tandem, in der Kleingruppe oder im Plenum): (15 min.)

Aufgabe 1:
Die Kinder bilden mit ihren Stühlen einen Sitzkreis. Sie möchten diese Situation sprachlich begleiten (Parallel-Talking). Was könnten Sie sagen?

Aufgabe 2:
Eine Gruppe Kinder sitzt zum Frühstücken am Tisch, Sie kommen dazu. Welchen Impuls können Sie geben, um die Kinder zum Reden anzuregen?

> *Lösungsmöglichkeiten, exemplarisch:*
>
> Aufgabe 1: Eva und Alice nehmen ihren Stuhl und stellen ihn neben meinen Stuhl. Ahmet und Eli nehmen ihre Stühle und stellen sie neben Evas Stuhl…. (vor die Tafel, hinter den Tisch…).
>
> Aufgabe 2: »Ich frühstücke heute einen Apfel und trinke einen Tee dazu. Und du?« oder »Erzähl mir mal von deinem Lieblingsessen!« oder »Warum hast du heute so viel zum Frühstücken dabei?«

8.6 Erfahrungen

In der Realität werden die verschiedenen Modellierungstechniken und das korrektive Feedback selten isoliert vorkommen, sondern sie werden häufig kombiniert. Wenn ein Kind z. B. einen verkürzten falschen Satz nennt und die Pädagog/innen daraus einen vollständigen Satz machen, wenden sie gleichzeitig das korrektive Feedback und die syntaktische Ergänzung an. Wenn man als Erwachsene eine kindliche Äußerung durch zusätzlichen Inhalt erweitert, ergänzt man automatisch auch den Satz, erweitert also die Satzstruktur. Das ist gar nicht zu vermeiden und ist auch nicht problematisch, sondern durchaus förderlich (Kucharz 2012b).

Die Anwendung von Sprachfördertechniken im Alltag des Kindergartens oder der Schule, damit sie tatsächlich förderlich für die Kinder ist, stellt hohe Anforderungen an die Pädagog/innen. Es ist also kein reines Ausüben von Handlungswerkzeugen (nach »Rezeptwissen«), sondern ein bewusstes Gestalten des eigenen Sprachverhaltens – und die individuelle Anpassung an den kindlichen Sprachstand ist hoch komplex. Daher ist zunächst eine Phase des eigenen Übens und der eigenen Reflexion notwendig. Zunächst muss man erkennen, welche Sprachfördertechniken man in der Regel schon immer häufig anwendet und welche selten oder gar nicht verwendet werden. Im zweiten Schritt nimmt man sich vor, eine bestimmte Technik gezielt anzuwenden und damit zu üben. All dies geschieht am besten mit einer Begleitung und Beratung (vgl. Kap. 10). Erst nach einiger Zeit (mehreren Wochen) ist man in der Lage, die Techniken auch auf das einzelne Kind passend und gezielt anzuwenden. Hierfür ist Geduld mit sich selbst und regelmäßige Reflexion erforderlich, bis sich die Anwendung der verschiedenen Sprachfördertechniken so eingeschliffen hat, dass diese routiniert eingesetzt werden können.

In der Evaluation des Fellbach-Konzeptes stellten wir fest, dass die Pädagog/innen relativ selten *korrektives Feedback* einsetzten, so dass falsche kindliche Äußerungen nicht korrigiert wurden. Das ist einerseits für das Kind wenig förderlich, weil es so nicht hören kann, wie seine Mitteilungen korrekt gesprochen werden.

Andererseits kann es den Gesprächsfluss sehr stören, wenn nach jeder kindlichen Aussage von den Erwachsenen ein korrektives Feedback kommt – auch, wenn es ermutigend und nicht bloßstellend formuliert wurde. Insbesondere Lehrkräfte versuchen zu vermeiden, Kinderantworten laufend zu wiederholen, weil dadurch Kinderaussagen an Bedeutung verlieren und nur noch die Lehreräußerungen wahrgenommen werden. In solchen Situationen muss genau abgewogen werden, wann welche Verhaltensweise angemessen ist.

Umgekehrt fiel uns bei den Auswertungen der Videos auf, dass die Pädagog/innen relativ viele *Modellierungstechniken* anwenden. Dabei überwiegen semantische und syntaktische Erweiterungen, morphologische kommen weniger oft vor. Dies kann an der unterschiedlichen Komplexität dieser Erweiterungsarten liegen, da es einfacher – und in alltäglichen Gesprächen auch geläufiger – ist, Inhalte hinzuzufügen, als neue grammatische Formen einzubauen. Beim Hinzufügen von Inhalten ist meist nicht nur die semantische, sondern automatisch auch die syntaktische Ebene einbezogen, wie an diesem Beispiel zu sehen ist: Kind: »Tom spielt gerade.« – Pädagogin: »Tom spielt gerade mit der neuen Eisenbahn.« Hier werden durch die Erweiterung »mit der neuen Eisenbahn« nicht nur neue Wörter und somit Inhalte ergänzt (semantisch), sondern es wird auch um ein Satzglied erweitert (syntaktisch). Dennoch sind morphologische Modellierungen von großer Bedeutung, damit Kinder in der Umgangssprache eher selten gebrauchte oder oft verschliffene Formen kennen lernen, z. B. die richtige Wortmarkierung im Dativ oder Akkusativ. *Beispiel:* »Wo sitzt die Katze?« – »Auf *dem* Stuhl.« »Wohin springt die Katze?« – »Auf *den* Stuhl.«

Bezüglich der *Stimulierungstechniken* fiel uns in der Evaluationsstudie auf, dass sowohl offene Fragen als auch das Paralleltalking je nach Pädagogin sehr unterschiedlich häufig angewendet wurden. Es wurde deutlich, dass viele Fragen der Pädagoginnen eher geschlossen als offen waren, insbesondere im Kindergarten, z. B. bei der Bilderbuchbetrachtung: »Was hat der Junge denn da in der Hand auf dem Bild? Hast du auch so einen Ball? Welche Farbe hat denn deiner? Was kann man mit dem Ball alles machen?« (offene Fragen bzw. Impulse in diesem Kontext wären z. B. »Warum meinst du, hat der Junge den Ball in der Hand? Erzähl mal, wie ist es, wenn du mit deinen Freunden Fußball spielst?«). Ebenso fiel auf, dass Parallel-Talking in der Grundschule kaum angewendet wurde, dagegen sehr häufig im Kindergarten. Einige der handlungsbegleitenden Äußerungen waren unvollständige Sätze, was dem positiven Sprachvorbild (vgl. Kap. 8.4) widerspricht, z. B. beim Würfeln beim Brettspiel: »Rot hast du. Grün. Wieder grün.« (Förderlicher wären Äußerungen wie »Du hast rot gewürfelt. Ich habe grün gewürfelt. Wir würfeln alle grün.«).

Diese Beispiele zeigen, dass es anspruchsvoll ist, die Sprachfördertechniken in den natürlichen Alltagssituationen professionell anzuwenden und dass dies einer begleiteten Übung und Reflexion bedarf. Wenn man sie aber in seine Alltagsroutine integriert hat, ermöglichen sie eine anregende Sprachförderung mit wenig zusätzlichem Aufwand.

Literaturtipps zum Thema »Alltagsintegrierte Sprachförderung«
Knapp, W./Kucharz, D./Gasteiger-Klicpera, B. (2010): Sprache fördern im Kindergarten. Weinheim und Basel: Beltz.
Kucharz, D. (2011): Sprachförderung im Unterrichtsalltag. Lernumgebungen sprachanregend gestalten. Mit Material. Die Grundschulzeitschrift 25 (242/243), S. 32–35.
Ruberg, T./Rothweiler, M. (2012): Spracherwerb und Sprachförderung in der KiTa. Stuttgart: Kohlhammer, Kap. 5.

9. Zusammenarbeit mit Eltern

Ziele der Fortbildung »Zusammenarbeit mit Eltern«
- Klären eigener Ziele und Inhalte der Zusammenarbeit
- Reflektieren von Unterschieden in der Zusammenarbeit mit verschiedenen Eltern
- Sammeln möglicher Formen zur Gestaltung der Zusammenarbeit

9.1 Relevanz des Fortbildungsthemas

Sprachförderung von Kindern im Kindergarten und in der Grundschule ist insbesondere dann wirksam, wenn sie in enger Zusammenarbeit von Pädagog/innen und Eltern gestaltet wird (z. B. Tietze/Viernickel 2002; Breitkopf 2009).

Kinder erwerben die zentralen Meilensteine der Sprache in den ersten sechs Lebensjahren (vgl. Kap. 4). Dieser Prozess wird stark durch die Interaktion mit ihren Bezugspersonen beeinflusst. Während Eltern und gegebenenfalls andere Familienmitglieder primäre Bezugspersonen und Kommunikationspartner der Kinder sind, kommt mit dem Eintritt in eine Kindertageseinrichtung auch den Pädagog/innen eine zentrale Bedeutung in diesem Kontext zu. Eltern und Pädagog/innen nehmen somit relevante Rollen in der Begleitung der kindlichen Sprachentwicklung ein (Tracy 2008; Robbe 2009; Szagun 2010; Lanig/Marks/Sponheuer 2013; Sticca/Saiger/Perren 2013). Ihre Rollen unterscheiden sich darin, dass Eltern die Sprache der Kinder intuitiv begleiten, während Pädagog/innen die Aufgabe haben, Kinder professionell sprachlich zu fördern (Knapp/Kucharz/Gasteiger-Klicpera 2010; Ruberg/Rothweiler 2012). Dabei ist es von Vorteil, wenn beide Seiten den kindlichen Spracherwerb gemeinsam und aufeinander abgestimmt unterstützen (Breitkopf 2009; Peters 2014).

Die Zusammenarbeit ist von Pädagog/innen jeweils auf die individuellen Eltern abzustimmen, sodass deren unterschiedliche Kompetenzen sowie Wünsche und Interessen berücksichtigt werden.
- So gibt es Eltern, deren Kinder sich sprachlich unauffällig entwickeln (vielleicht sogar überdurchschnittliche sprachliche Kompetenzen aufweisen), und Eltern, deren Kinder sprachliche Auffälligkeiten in unterschiedlichem Ausmaß zeigen.
- Ein Teil der Eltern hat einen Migrationshintergrund; hier stellt sich die Frage, ob

Deutsch die Erst- oder Zweisprache für das Kind darstellt, ob in der Familie eine oder mehrere weitere Sprache/n gesprochen werden und in welchem Ausmaß das Kind mit der deutschen Sprache in Kontakt kommt.
• Darüber hinaus variieren in Familien die sozio-ökonomischen Bedingungen, was z. B. Auswirkungen auf die sprachanregende Umwelt für das Kind haben kann.

Alle Aspekte können allein oder in Kombination auftreten und die Zusammenarbeit in unterschiedlichem Ausmaß beeinflussen. Wichtig ist, dass Pädagog/innen allen Eltern mit einer Offenheit und Akzeptanz begegnen und bestmöglich versuchen, auf ihre individuelle Situation einzugehen (Blickenstorfer 2009; Peters 2014)

Im vorliegenden Kapitel werden Ziele und Inhalte sowie Formen der Zusammenarbeit mit Eltern im Bereich Sprachförderung thematisiert. Da je nach Eltern unterschiedliche Ziele und Inhalte im Vordergrund stehen und verschiedene Formen geeignet sind, wird darauf in den Teilkapiteln exemplarisch eingegangen. Gründe für Schwierigkeiten in der Zusammenarbeit und mögliche Umgangsweisen damit werden am Ende angesprochen.

9.2 Ziele und Inhalte der Zusammenarbeit

Als eine wesentliche Voraussetzung für die Zusammenarbeit zwischen Pädagog/innen und Eltern gilt eine gegenseitige Wertschätzung und Akzeptanz. Diese zu entwickeln, stellt also ein grundlegendes Ziel dar (Breitkopf 2009; Robbe 2009; Knapp/Kucharz/Gasteiger-Klicpera 2010). Auf dieser Basis kann die gemeinsame Begleitung und Unterstützung der kindlichen Sprachentwicklung gelingen (z. B. Kühn 2010; Heger 2013). Adler (2011) unterscheidet hierbei drei Zielbereiche, die im Folgenden näher betrachtet werden (dazu auch: Blickenstorfer 2009):
• *Informieren* der Eltern und *Austausch* mit Eltern,
• *Sensibilisierung* der Eltern,
• *gemeinsame Unterstützung* des kindlichen Spracherwerbs.

9.2.1 *Informieren und Austausch*

Das Informieren der Eltern und der Austausch mit ihnen nehmen in der Zusammenarbeit zumeist den größten Raum ein. Dies ist auch gerechtfertigt, da es für die anderen beiden Zielbereiche, nämlich die Sensibilisierung der Eltern und gemeinsame Unterstützung der Kinder, eine wesentliche Grundlage bildet.

Pädagog/innen als Expert/innen für Erziehung und Bildung – inklusive Sprachförderung – können Eltern wichtige allgemeine Informationen über die Sprachentwicklung von Kindern und auch spezielle Hinweise zur Entwicklung des jeweiligen Kindes geben. Eltern als Expert/innen für ihre Kinder können umgekehrt den Pädagog/innen Informationen aus dem Familienalltag liefern, die relevant für die Sprachentwicklung ihres Kindes sind (Apelthauer 2006). So ergänzen sich die Perspektiven, und beide können voneinander profitieren. In Tabelle 9.1 sind exemplarische Inhaltsaspekte dieses Zielbereichs aufgelistet.

Mögliche Inhalte zum Bereich »Informieren und Austausch«

Bedeutung von Sprache und eigener Rolle:
- Bedeutung von kindlichen Sprachkompetenzen
- Einfluss der Eltern und Pädagog/innen auf die kindliche Sprachentwicklung

Sprachentwicklung/Sprachstand:
- Sprachentwicklung des Kindes (eventuell in mehreren Sprachen) zu Hause (auch vor Eintritt in den Kindergarten) und in der Einrichtung
- Einschätzung des aktuellen Sprachstandes in den vom Kind gesprochenen Sprachen (Stärken und Schwächen sowie Altersangemessenheit)
- Sprachnutzung im familiären und nachbarschaftlichen Umfeld: Welche Sprachen werden von wem wann gesprochen; welche sprachanregenden Handlungen (z. B. Tischgespräche, Lieder) und Medien (z. B. Bilderbücher, Hörspiele) gibt es?
- Nutzung von Förderangeboten außerhalb der Einrichtung (z. B. Sprachförderkurse oder Logopädie)

Sprachförderplanung und Sprachförderung:
- Generelle Sprachfördermaßnahmen in der Einrichtung
- Individuelle Sprachförderplanung und Sprachförderung für das Kind:
  - Nächste Schritte und Ziele des Kindes in der Sprachentwicklung
  - Förderschwerpunkte für das Kind
  - Fördermaßnahmen für das Kind in der Einrichtung und zu Hause; auch mögliche Aspekte einer weiteren sprachförderlichen Umwelt (z. B. Freizeit mit Gleichaltrigen)
  - Mögliche weitere Anlaufstellen (z. B. Sprachtherapeut/innen)

Tab. 9.1: Inhaltsaspekte des Informierens und Austauschs (Apelthauer 2006; Robbe 2009; Adler 2011; Sticca/Saiger/Perren 2013)

Welche Inhaltsaspekte thematisiert werden, ist von Kind zu Kind unterschiedlich. Bei Kindern mit sprachlichen Auffälligkeiten können die Pädagog/innen den Eltern beispielsweise Ergebnisse aus ihren Beobachtungen bzw. Sprachproben mitteilen; die Eltern wiederum berichten von sprachlichen Besonderheiten, die ihnen zu Hause aufgefallen sind; gemeinsam wird überlegt, ob zusätzlich eine Diagnostik in einer logopädischen Praxis hilfreich wäre. So kann der Sprachstand der Kinder umfassend erfasst werden (vgl. Kap. 7), wodurch eine gute Ausgangslage für die weitere Unterstützung geschaffen wird.

9.2.2 Sensibilisierung

Eine weitere Aufgabe von Pädagog/innen ist die Sensibilisierung von Eltern für das Thema »Sprache«, die Sprachentwicklung ihres Kindes und ihre eigenen Möglichkeiten der Unterstützung ihres Kindes. Es geht also darum, dass Eltern ein Bewusstsein für diesen Entwicklungsbereich aufbauen.

Als Grundlage hierfür dient oft ein Vermitteln von zentralen Informationen. Hierzu gehören vor allem Begründungen zur Bedeutung der Sprache (Warum sind die Sprachkompetenzen von Kindern so wichtig?) sowie Kenntnisse über die kindliche Sprachentwicklung (Wie verläuft der kindliche Spracherwerb; wodurch wird er beeinflusst?) (vgl. Kap. 4). Auf dieser Grundlage können Pädagog/innen Eltern aufzeigen, dass sie eine wichtige Rolle im Prozess des Spracherwerbs spielen und wie sie ihre Kinder darin gut unterstützen können. Erst wenn Eltern ihre eigene Rolle bewusst ist, können sie lernen, ihre eigene Sprache als »Instrument« zur sprachlichen Unterstützung bestmöglich zu nutzen und ihren Kindern zu Hause eine sprachförderliche Umwelt zu gestalten (vgl. Adler 2011).

Die Sensibilisierung unterscheidet sich in ihrer Intention nicht grundlegend bei verschiedenen Eltern, aber je nach ihren Voraussetzungen wird die Art der Sensibilisierung unterschiedlich aussehen.

So sind sich beispielsweise einer Studie von Robbe (2009) zufolge Eltern mit Migrationshintergrund oftmals ihres Einflusses auf die Sprachentwicklung ihrer Kinder gar nicht bewusst, weshalb in der Zusammenarbeit genau an diesem Punkt angesetzt werden kann. Es ist wichtig zu betonen, dass bei mehrsprachigen Kindern das Ziel nicht nur in einer guten Sprachentwicklung in der deutschen Sprache, sondern auch in der Herkunftssprache liegt. Deshalb ist es Aufgabe der Eltern, in ihrer Herkunftssprache mit den Kindern zu sprechen und sie darin anzuregen (Apelthauer 2006; Robbe 2009; Sticca/Saiger/Perren 2013).

9.2.3 Gemeinsame Unterstützung

Um Kinder sprachlich zu unterstützen, können vorhandene Kompetenzen der Eltern genutzt und mit den in der Einrichtung angewandten Fördermethoden in Einklang gebracht werden. Bei mehrsprachigen Kindern kann sich die gemeinsame Unterstützung entsprechend der Sprachen aufteilen, sodass Eltern die Erstsprache unterstützen und Pädagog/innen die Zweitsprache Deutsch (Breitkopf 2009; Knapp/Kucharz/Gasteiger-Klicpera 2010).

Aus Studien zur frühen Mutter-Kind-Kommunikation ist bekannt, dass das intuitive Sprachvorbild und -handeln von Eltern förderliche Elemente aufweist, z. B. der häufige und wiederholte Gebrauch von Inhaltswörtern (z. B. das Benennen von Spielzeugen und Gegenständen) und einfachen Satzmustern (z. B. »Da ist der Ball.«), das Stellen von Fragen (z. B. »Wo ist die Puppe?«) sowie das Aufgreifen und Erweitern kindlicher Äußerungen (z. B. Kind: »Das ist mein Auto.« – »Das ist dein neues rotes Auto.«) (vgl. Kap. 4) (vgl. für einen Überblick Weinert/Lockl 2008). Es ist daher sinnvoll, Eltern in diesen Kompetenzen zu stärken. Als wichtiges Prinzip ist den Eltern in diesem Zusammenhang zu vermitteln, dass Sprache kontinuierlich im Alltag in natürlichen Kommunikationssituationen effektiv gefördert werden kann. Das heißt, Alltagssituationen wie das gemeinsame Kochen, Einkaufen, Aufräumen, Spielen, Essen etc. können sehr gut genutzt werden, und es müssen keine spezifischen Lernsituationen hergestellt werden (Knapp/Kucharz/Gasteiger-Klicpera 2010). Pädagog/innen wenden in der alltagsintegrierten Sprachförderung ähnliche Situationen und Elemente an, insbesondere in Form der Sprachfördertechniken (vgl. Kap. 8) (Knapp/Kucharz/Gasteiger-Klicpera 2010; Hellrung 2012; Ruberg/Rothweiler 2012).

Zusätzlich kann das sprachliche Umfeld der Kinder zu Hause möglichst anregend gestaltet werden, wie es auch in Kindergärten und Grundschulen oft der Fall ist. Materialien wie Bücher, Bilder, Spiele und Utensilien für Rollenspiele sind hier eine gute Basis (Knapp/Kucharz/Gasteiger-Klicpera 2010).

Bei der gemeinsamen sprachlichen Unterstützung von Eltern und Pädagog/innen gibt es Unterschiede je nach Zielgruppe. So kann z. B. eher bildungsfernen Eltern das Angebot gemacht werden, sprachanregende Bücher und Spiele für zu Hause auszuleihen. Bei Bedarf können die Materialien vorher in der Einrichtung gemeinsam mit den Pädagog/innen ausprobiert werden. So können die Pädagog/innen Anregungen geben, was in der Anwendung besonders sprachförderlich ist, z. B. nicht nur das bloße Benennen der Begriffe beim Memory-Spielen, sondern das Formen ganzer Sätze (»Das ist ein bunter Ball.«) bzw. Sprechen über die Bilder (»So einen bunten Ball habt ihr auch im Kindergarten.«).

> **Übung 9.1: Ziele und Inhalte in der Zusammenarbeit (vgl. Download-Bereich: 9 Übungen Zusammenarbeit)**
>
> *Ziel:*
> Die Einrichtungs-Teams reflektieren über ihre bisherigen Ziele und Inhalte in der Zusammenarbeit mit den Eltern im Bereich Sprachförderung. Sie überlegen gemeinsam, ob sie neue Ziele setzen und Inhalte bearbeiten wollen.
>
> *Material:*
> Arbeitsauftrag – vgl. Download-Bereich: Übung 9.1
>
> *Auftrag:* (ca. 20 min.)
> Bitte reflektieren Sie in Ihren Einrichtungs-Teams über folgende Fragestellungen:
> - Welche der drei genannten Zielbereiche – »Informieren und Austausch«, »Sensibilisierung« und »gemeinsame Unterstützung« – verfolgen Sie bereits in Ihrer Einrichtung? Welche Inhalte bearbeiten Sie dabei?
> - Welche dieser Zielbereiche würden Sie gerne zukünftig verfolgen? Welche inhaltlichen Schwerpunkte würden Sie setzen?
>
> *Auswertung:* (ca. 10 min.)
> In einer kurzen Runde wird gesammelt, ob die Einrichtungen bereits mit ihren Zielen und Inhalten zufrieden sind bzw. woran sie arbeiten wollen.

9.3 Formen der Zusammenarbeit

Es gibt eine Vielfalt an Formen der Zusammenarbeit von Pädagog/innen und Eltern. Je nach Ziel und Inhalt der Zusammenarbeit und abhängig davon, welche Eltern erreicht werden sollen, ist eine passende Variante auszuwählen (Kühn 2010).

> **Übung 9.2: Gestaltungsmöglichkeiten der Zusammenarbeit (vgl. Download-Bereich: 9 Übungen Zusammenarbeit)**
>
> *Ziel:*
> Da die Teilnehmer/innen selbst bereits viele Erfahrungen in der Zusammenarbeit gemacht haben werden, ist es angemessen, ihre Ressourcen zu nutzen und die wichtigsten Aspekte der Zusammenarbeit von Eltern und Pädagog/innen im Bereich Sprachförderung sammeln zu lassen. Ein Austausch zwischen Erzieher/innen und Grundschullehrer/innen wird dabei unterstützt.

Material:

Flipchart

Arbeitsauftrag – vgl. Download-Bereich: Übung9.2

Auftrag:

Bitte bearbeiten Sie in vier Gruppen (jeweils zusammengesetzt aus Erzieher/innen und Grundschullehrer/innen) die Fragestellungen und notieren Sie Ihre Ergebnisse auf einer Flipchart:

- Welche Formen der Zusammenarbeit sind Ihnen bekannt (z. B. Elternbrief, Tür-und-Angel-Gespräch)?
- In welchem Ausmaß nutzen Sie diese Formen im Kindergarten und in der Grundschule?
- Welche Ziele möchten Sie damit jeweils erreichen?
- Welche konkreten Inhalte haben Sie schon damit bearbeitet?
- Welche Formen sind für welche Eltern passend?

Auswertung:

Jede Gruppe stellt ihre Ergebnisse anhand der Flipcharts vor. Ergänzt werden die Ergebnisse dann um die Folien des/r Fortbildenden.

Im Folgenden werden entlang der drei vorgestellten Zielbereiche exemplarisch Formen der Zusammenarbeit vorgestellt, Beispiele für mögliche Inhalte genannt und die Eignung für verschiedene Eltern diskutiert.

9.3.1 Formen der Zusammenarbeit im Bereich »Informieren und Austausch«

Beim Informieren und Austausch ist zu unterscheiden, ob alle Eltern einer Kindergartengruppe bzw. Schulklasse oder jeweils nur die Eltern eines Kindes angesprochen werden.

Es ist tendenziell schwierig, alle Eltern gleichzeitig mit einem Angebot zu erreichen; zwar werden unter Umständen alle Eltern eingeladen, aber es ist nicht davon auszugehen, dass alle Eltern diese Möglichkeit nutzen (können). So werden z. B. traditionell Elternabende angeboten, um die Eltern zu informieren (Blickenstorfer 2009; Textor 2014). Insbesondere Eltern, die nur geringe Deutschkenntnisse haben, meiden diese jedoch häufig bzw. können den Inhalten dort nicht immer folgen. Daher ist es angebracht, manchen Eltern in separaten Gesprächen die zentralen Inhalte der Elternabende auf verständliche Weise zu vermitteln; hierzu können gegebenenfalls auch Dolmetscher/innen hinzugezogen werden, z. B. Kolleg/innen oder andere Eltern, die der jeweiligen Herkunftssprache sowie des Deutschen mächtig sind. Es können auch Informationsbriefe in verschiedenen Sprachen genutzt werden (Blickenstorfer 2009; Hawighorst 2009; Kühn 2010). Des Weiteren ist es sinnvoll, auch niedrigschwelligere Angebote anzubieten, wie z. B. Elterncafés. Hier können sich Eltern untereinander austauschen, aber Pädagog/innen auch thematische Impulse setzen, informieren und unterstützend zur Seite stehen. Ebenso können für alle Eltern Hospitationen in der pädagogischen Einrichtung bzw. Hausbesuche der Pädagog/innen bei den Familien Möglichkeiten darstellen, um sich zu informieren und auszutauschen und einen Einblick in den jeweiligen Lebenskontext des Kindes zu bekommen (Hawighorst 2009; Kühn 2010).

Für den individuellen Austausch über ein Kind sind Gespräche zwischen Pädagog/innen und Eltern das zentrale Medium. Diese eignen sich aufgrund der individuellen Konstellation für alle Eltern, da sie sehr unterschiedlich gestaltet und somit den Eltern angepasst werden können. Tür-und-Angel-Gespräche dienen der kontinuierlichen Kommunikation miteinander und werden oft zum Ansprechen kleiner Themen oder zur Klärung eines Termins für ein ausführlicheres Gespräch genutzt. Bei geplanten Gesprächen kommt es auf eine gute Vorbereitung der Pädagog/innen an, um strukturiert die gewünschten Informationen zu übermitteln bzw. einzuholen (Kühn 2010; Textor 2014). Hier können sowohl Elternfragebögen (z. B. ELFRA; Grimm/Doil 2000) als auch insbesondere die Beobachtungsbögen SISMIK (Ulich/Mayr 2003), SELDAK (Ulich/Mayr 2006) und SELSA (Mayr et al. 2012) (vgl. Kap. 6) als inhaltliche und strukturelle Anregungen dienen.

9.3.2 Formen der Zusammenarbeit im Bereich »Sensibilisierung«

Zur Sensibilisierung von Eltern können sowohl direkte als auch indirekte Formen der Zusammenarbeit genutzt werden.

Als *direkte Methode* gelten unter anderem Gespräche, in denen das Thema, für das die Eltern sensibilisiert werden sollen, gemeinsam besprochen wird. So können z. B. Pädagog/innen Eltern von mehrsprachigen Kindern dafür sensibilisieren, dass sie mit ihren Kindern in der Herkunftssprache in vielfältiger Weise sprechen. Wichtig hierbei ist, dass Pädagog/innen nicht versuchen, die Eltern zu belehren, sondern deren Einstellung einzubeziehen, was gut über Fragen gelingt, z. B. »Warum ist es für Ihr Kind gut, wenn Sie mit ihm Italienisch sprechen? Warum ist es für Ihr Kind gut, mehrere Sprachen zu lernen?«. Auf diese Weise können gemeinsam Gründe erarbeitet werden, warum eine mehrsprachige Unterstützung hilfreich sein kann (Blickenstorfer 2009; Kühn 2010; Textor 2014).

Wenn in der Kindergartengruppe bzw. Schulklasse mehrere Sprachen im Alltag ihren Platz haben, z. B. durch Begrüßung oder Bücher in verschiedenen Sprachen, ist dies für Eltern sichtbar zu machen bzw. ihnen zu erläutern. Sie können so indirekt sensibilisiert werden, weil sie erfahren, dass Mehrsprachigkeit wertgeschätzt und als Bereicherung verstanden wird. In diesem Zusammenhang können mehrsprachige Eltern auch dazu ermuntert werden, in der Gruppe bzw. Klasse Elemente aus ihrer Herkunftssprache einzubringen, z. B. Reime, Lieder oder Spiele (Blickenstorfer 2009; Kühn 2010; Textor 2014).

9.3.3 Formen der Zusammenarbeit im Bereich »gemeinsame Unterstützung«

Um Kinder gemeinsam sprachlich zu unterstützen, eignen sich besonders Anregungen, mithilfe derer Eltern die Unterstützung in der Einrichtung selbst »erleben« bzw. ihre eigene Unterstützung reflektieren.

Zum »Erleben« können Hospitationen, im Sinne von Eltern-Kind-Aktivitäten genutzt werden. Um Eltern z. B. einen Eindruck zu vermitteln, wie Kinder in allen alltäglichen Situationen sprachlich unterstützt werden können, können sie einen Vormittag im Kindergarten verbringen. Hierbei erfahren sie, wie die Erzieher/innen die Kinder beim Morgenkreis, beim Frühstücken, beim Anziehen, beim Brettspiel, beim Basteln etc. sprachlich anregen. Ein anschließendes Reflexionsgespräch rundet dieses Angebot ab (Blickenstorfer 2009; Kühn 2010; Textor 2014).

Zur Reflexion bieten sich wiederum vor allem Gespräche an, die sich aber auch im Rahmen von Hospitationen ergeben können (Blickenstorfer 2009; Kühn 2010; Textor 2014). Um beispielsweise Eltern aufzuzeigen, dass die Umgebung zu Hause mehr oder wenig sprachanregend gestaltet werden kann, können Pädagog/innen Eltern in einem ersten Schritt erläutern, wie sie dies in der Einrichtung umsetzen. Je nach Voraussetzungen der Eltern kann dies unterschiedlich aussehen: »Wir haben hier eine Bücherecke, in der viele Kinderbücher stehen, die die Interessen der Kinder thematisieren. Die Kinder können in der Freispielzeit die Ecke nutzen, und wir Pädagog/innen kommen teilweise dazu. Dann stellen wir Fragen zu den Bildern…« oder »Wie Sie wissen, legen wir viel Wert auf den Bildungsbereich Sprache, und wir wenden bestimmte sprachförderliche Techniken an, wenn Kinder sich Bücher anschauen, …«. In einem zweiten Schritt können Pädagog/innen und Eltern diese Aspekte auf die häusliche Situation übertragen: »Haben wir Kinderbücher zu Hause? Sind sie so platziert, dass unser Kind sie selbst holen kann? Schauen wir sie auch mit unserem Kind gemeinsam an? Regen wir das Kind bei der Buchbetrachtung zum eigenen Sprechen an?« oder »Ich stelle zwar meinem Kind Fragen beim Vorlesen, aber es antwortet immer nur mit einzelnen Worten. Warum ist das so?«. Die/der Pädagog/in kann in diesem Fall mit den Eltern gemeinsam nach alternativen (offenen) Fragen suchen, welche dem Kind mehr

Möglichkeiten zum Antworten geben, z. B. »Warum, meinst du, sieht das Kind auf dem Bild so fröhlich aus? Wie könnte die Geschichte weitergehen? Wie würdest du dich verhalten?«.

Übung 9.3: Neue Ideen zur Zusammenarbeit (vgl. Download-Bereich: 9 Übungen Zusammenarbeit)

Ziel:
Die Teilnehmer/innen entwickeln eigene neue Ideen für die Zusammenarbeit mit Eltern im Bereich der Sprachförderung.

Material:
Arbeitsauftrag – vgl. Download-Bereich: Übung9.3

Auftrag: (ca. 20 min.)
Bitte arbeiten Sie in Ihren Einrichtungs-Teams zusammen:
Wählen Sie einen für Sie aktuell relevanten Zielbereich aus – eventuell aus Übung 1.
Überlegen Sie sich, welche Eltern Sie erreichen wollen. Der Schwerpunkt darf hier gerne auf Eltern liegen, mit denen sich die Zusammenarbeit schwieriger gestaltet.
Anschließend wählen Sie Formate und Inhalte, die Ihnen geeignet erscheinen.

Auswertung:
Die Ideen der Gruppen werden im Plenum vorgestellt, sodass alle von ihnen profitieren.

9.4 Schwierigkeiten in der Zusammenarbeit

Die Zusammenarbeit von Pädagog/innen und Eltern ist häufig von Schwierigkeiten geprägt. Dies ist oft auf die Beziehungsebene oder auf Wahrnehmungs- bzw. Erwartungsdifferenzen zurückzuführen. So stehen der Zusammenarbeit oft unterschwellige Bedenken bzw. Vorurteile von der einen gegenüber der anderen Seite im Weg. Außerdem sind Eltern häufig großen Belastungen ausgesetzt, die sie zu meistern haben, was zu einer Überforderung führen kann. Pädagog/innen wiederum sorgen sich nicht nur um ein Kind, das die jeweiligen Eltern im Blick haben, sondern um eine ganze Kindergruppe, was hohe Anforderung an sie stellt (Apelthauer 2006; Blickenstorfer 2009; Gomolla 2009; Hawighorst 2009; Peters 2014).

Es ist also selten das mangelnde Interesse, an dem die Zusammenarbeit scheitert. Dies wird aber fälschlicherweise oft Eltern mit Migrationshintergrund unterstellt, obwohl sie sich vielleicht nur aufgrund ihrer geringen Deutschkenntnisse oder Wissensstände unsicher im Kontakt mit den Pädagog/innen oder unwohl in der Einrichtung fühlen (Apelthauer 2006; Blickenstorfer 2009; Gomolla 2009; Hawighorst 2009; Peters 2014). Es kann aber durchaus auch sein, dass gerade kulturelle Unterschiede ein Hindernis in der Zusammenarbeit darstellen, sodass nie alle Eltern erreicht werden können. So werden manche Eltern aus anderen Kulturen wenig Bezug zur Praxis in deutschen Erziehungs- und Bildungseinrichtungen haben oder auch keinen Zusammenhang zwischen der Unterstützung in der Einrichtung und zu Hause sehen. Und vielleicht besuchen aufgrund von Rollenverteilungen manche Väter nie die Einrichtung, weil die Frauen verantwortlich für die Kindererziehung sind, oder manche Mütter besuchen nie die Einrichtung, weil die Männer in der Öffentlichkeit agieren.

Es wird daher immer Fälle geben, in denen die Gestaltung der Zusammenarbeit schwierig bleibt oder in denen gar keine Zusammenarbeit zustande kommt. In anderen Fällen können hingegen Schwierigkeiten auch aus dem Weg geräumt werden, indem die jeweiligen Bedürfnisse, Wünsche und Erwartungen, aber auch der Unsicherheiten und Befürchtungen sowohl der Eltern als auch der Pädagog/innen besprochen und beachtet werden (Blickenstorfer 2009; Breitkopf 2009; Gomolla 2009; Heger 2013; Peters 2014). Prinzipiell verfolgen nämlich Pädagog/innen wie auch Eltern ein gemeinsames Interesse: Sie wollen das Kind bestmöglich unterstützen und fördern (Apelthauer 2006; Peters 2014). Daher ist es wichtig, »Gelegenheiten zur Kommunikation und Information zu schaffen, die es erlauben, Wahrnehmungs- und Einstellungsunterschiede (…) zu thematisieren und die jeweils eigenen Positionen offenzulegen« (Hawighorst 2009, S. 64).

Diskussion 9.1: Schwierigkeiten in der Zusammenarbeit

- Welche Schwierigkeiten haben Sie in der Zusammenarbeit bereits erlebt?
- Können Sie ausmachen, worin diese Schwierigkeiten begründet waren?
- Wie sind Sie mit diesen Schwierigkeiten umgegangen?
- Welche alternativen Umgangsweisen wären möglich gewesen?

Literaturtipps zum Thema »Zusammenarbeit mit Eltern«
Dehn, M./Oomen-Welke, I./Osburg, C. (2011): Kinder & Sprache(n). Was Erwachsene wissen sollten. Seelze: Friedrich Verlag.
Heger, S. (2013): Einführung in die vorschulische Sprachförderung für Kinder nichtdeutschsprachiger Herkunft. München: GRIN.
Knapp, W./Kucharz, D./Gasteiger-Klicpera, B. (2010): Sprache fördern im Kindergarten. Weinheim und Basel: Beltz, Kap. 6.

10. Coaching

10.1 Relevanz des Themas

Verschiedene Studien, aber auch subjektive Erfahrungen zeigen, dass Fortbildungen alleine oft wenig wirksam sind; das bedeutet, dass sie nur selten eine Handlungsänderung bei den Fortgebildeten hervorrufen (z. B. Wahl 2002; Rank/Gebauer/Fölling-Albers/Hartinger 2011). Diethelm Wahl formulierte diese Erkenntnis mit dem treffenden Titel: »Der weite Weg vom Wissen zum Handeln« (Wahl 1991). Das hat damit zu tun, dass das Wissen, dass man in Fortbildungen präsentiert bekommt und sich – zu hoffentlich großen Anteilen – aneignet, noch nicht die Beschaffenheit hat, um es unmittelbar in das alltägliche Handeln zu übertragen. Pädagogische Situationen sind hochkomplex, weil hier viele sehr unterschiedliche Anforderungen, Herausforderungen, Interessen und Handlungsmöglichkeiten gleichzeitig auftreten und vom Handelnden, also in unserem Falle von den Pädagog/innen, vielfältige Entscheidungen erfordern. Diese Entscheidung muss in der Regel sofort getroffen werden – ohne Zeit für lange Überlegungen, weil z. B. ein Kind genau jetzt eine Frage stellt, ein Bedürfnis äußert, zwei Kinder sich streiten o. Ä. (Fröhlich-Gildhoff/Nentwig-Gesemann/Pietsch 2011). Als Erzieher/in oder als Lehrer/in muss man also meistens spontan handeln. Dabei bedient man sich Handlungsroutinen, die man im Laufe der Jahre erworben hat, die sich bewährt haben und die als subjektive Theorien gespeichert sind (Wahl/Weinert/Huber 2006; Fried 2008; Fröhlich-Gildhoff/Nentwig-Gesemann/Pietsch 2011). Das gilt auch für das Sprachhandeln, also das Sprechen. Damit neues Wissen und neue Praktiken, die man in Fortbildungen erworben hat, den Weg in das alltägliche und irgendwann auch in das routinierte Handeln finden, braucht es Erfahrungen im beruflichen Alltag und mehrere Reflexionsphasen (Schnebel 2007). Das Coaching, um das es in diesem Kapitel geht, initiiert und begleitet solche Reflexionsphasen. Es dient dazu, die alltagsintegrierte Sprachförderung der Pädagog/innen im Rahmen einer Beobachtung und Beratung mittels Supervision durch Expert/innen zu reflektieren und optimieren.

10.2 Ablauf des Coachings

Das Coaching sollte im Rahmen der Weiterqualifizierung mehrere Termine umfassen. Die Pädagoginnen der Modellgruppe wurden im Fellbach-Konzept an drei Terminen gecoacht. Ein Coaching-Termin umfasst mehrere Phasen und dauert ungefähr ein bis zwei Stunden für jede Pädagogin. Dabei werden die Pädagog/innen in ihrem sprachlichen Handeln im Kindergarten- bzw. Schulalltag von einem/einer Expert/in beobachtet und anschließend beraten.

Phase 1: Vereinbarung des Beobachtungsschwerpunktes

Bevor die Expertin[8] die Pädagogin bei ihrer Arbeit mit den Kindern beobachtet und dabei auf ihr sprachliches Handeln achtet, wird ein Schwerpunkt für die Beobachtung vereinbart und schriftlich fixiert. Hierbei ist es wichtig, dass dieser Schwerpunkt in einem engen Zusammenhang mit den Fortbildungsinhalten steht, von der Pädagogin selbst als für sie wichtig und zentral angesehen sowie möglichst konkret und eng gefasst formuliert wird, damit er gut beobachtbar ist. Im nächsten Teilkapitel werden mögliche Schwerpunkte benannt.

Zur Unterstützung dieser Vereinbarung bzw. der Vorüberlegungen dazu finden sich im Download-Bereich Vorlagen (vgl. Download-Bereich 10 – Coaching-Vorbereitung).

Phase 2: Beobachtung

In einem vorher festgelegten Zeitraum von etwa 30 Minuten beobachtet die Expertin die Pädagogin in ihrem sprachförderlichen Handeln. Dazu achtet sie insbesondere auf den vereinbarten Schwerpunkt. Ist vereinbart worden, dass vor allem auf die Anwendung von Modellierungstechniken geachtet werden soll, notiert die Beobachterin möglichst wortwörtlich alle Äußerungen, die dazu passen: Was hat das Kind gesagt und wie hat die Pädagogin darauf geantwortet? Je präziser das Beobachtungsprotokoll abgefasst ist, desto besser ist die Grundlage für die Besprechung und Beratung. Neben diesen protokollierten Äußerungen kann die Expertin auch Folgendes in ihrem Protokoll notieren: Wo zeigen sich Stärken der Pädagogin, welche Sprachförderstrategie wendet sie bereits häufig bzw. kompetent an? Eventuell fallen der Beobachterin auch »blinde Flecken« auf, also Bereiche sprach-

---

8 Zur besseren Lesbarkeit wird im Folgenden nur die weibliche Form verwendet. Männliche Pädagogen und Experten sind selbstverständlich mitgemeint.

förderlichen Handelns, die noch zu wenig im Blickfeld der Pädagogin liegen (vgl. Download-Bereich 10 – Coaching-Beobachtungsbogen).

Für das Beobachtungssetting eignen sich im Kindergarten vor allem Phasen des Freispiels, weil hier vielfältige Handlungsformen möglich sind: Die Erzieherin kann mit einem oder mehreren Kindern interagieren, sie kann ein Bilderbuch dialogisch vorlesen oder mit ein paar wenigen Kindern ein Regelspiel oder in der Bauecke spielen. Dabei ergeben sich jeweils unterschiedliche Gesprächsanlässe und Dialoge, die innerhalb der Beobachtungssequenz häufig wechseln können. Doch natürlich kann auch während eines Bildungsangebotes oder in einer Stuhlkreissituation beobachtet werden. In der Schule eignet sich der reguläre Unterricht (grundsätzlich ist eine alltagsintegrierte Sprachförderung in jedem Unterrichtsfach möglich) zur Beobachtung. Auch hier wechseln Sozial- und Arbeitsformen, sodass das sprachliche Handeln in unterschiedlichen Situationen beobachtet und protokolliert werden kann. Für die verschiedenen Coaching-Termine kann darauf geachtet werden, dass nicht immer in den gleichen Situationen beobachtet wird, um die Vielseitigkeit der Pädagogin würdigen zu können.

Phase 3: Vorbereitung des Beratungsgesprächs

Nach der Beobachtung sichtet die Expertin ihre Protokollaufzeichnungen. Aus den vielfältigen Mitschrieben markiert sie all diejenigen Stellen, die in engem Zusammenhang mit dem Beobachtungsauftrag stehen und besonders gut zur Illustration geeignet sind. Das können solche Gesprächssequenzen sein, in denen der Pädagogin eine gute Umsetzung gelungen ist, sowie solche, in denen es weniger gut gelang. Darüber hinaus wählt die Expertin aus den Aufzeichnungen Themen aus, die sie für die Pädagogin für zentral hält. Dabei handelt es sich zum einen um solche Interaktionen, in denen die Pädagogin eine hohe Kompetenz zeigt; beispielsweise kann sie vielleicht gut auf das einzelne Kind eingehen und eine angenehme Gesprächsatmosphäre schaffen. Zum anderen fällt der Expertin eventuell ein Bereich auf, der noch ausbaufähig ist und als weitere Aufgabe oder als nächster Schritt zur Weiterentwicklung der Pädagogin infrage kommt.

Wichtig ist, dass für das anschließende Beratungsgespräch nicht zu viele verschiedene Themen ausgewählt werden, weil dies für die Pädagogin unübersichtlich und nicht mehr zu bearbeiten ist. Nach getroffener Auswahl der als relevant für das Gespräch angesehenen Themen können diese in den vorliegenden Auswertungsbogen (vgl. Abb. 10.1) eingetragen werden.

Phase 4: Beratungsgespräch

Zum vereinbarten Termin treffen sich Expertin und Pädagogin, um die beobachtete Situation gemeinsam zu reflektieren. Hier ist es sinnvoll, nicht zu viel Zeit zwischen Hospitation und Reflexion verstreichen zu lassen, um die relevanten Inhalte noch präsent zu haben; bewährt haben sich Reflexionstermine am selben Nachmittag. Zunächst reflektiert die Pädagogin: Wie hat sie die Situation erlebt? Wie konnte sie das vereinbarte Vorhaben umsetzen? Was ist schwer gefallen und warum? Was ist gut gelungen? Wo sieht sie ihre Stärken, wo ihr Potenzial? Erst dann schaltet sich die Beobachterin ein und beschreibt aus ihrer Sicht, welche Situationen sie als besonders gelungen erlebt hat und wo sie die Stärken gesehen hat. Dann bringt sie die zum Beobachtungsschwerpunkt passenden Interaktionen ein und gemeinsam wird reflektiert, wie gut es jeweils gelungen ist, das Vorhaben umzusetzen, an welchen Stellen Alternativen denkbar wären und welche weiteren Situationen noch genutzt werden können. Hilfreich ist es, wenn die Beobachterin mitprotokollierte Dialoge vorlesen kann, sodass man gemeinsam überlegen kann, ob und in welcher Weise und Qualität hier z. B. modelliert wurde.

Phase 5: Vereinbarung der nächsten Schritte

Anschließend wird gemeinsam erarbeitet und vereinbart, woran die Pädagogin in der nächsten Zeit weiterarbeiten möchte; dies wird ebenfalls in dem Auswertungsbogen notiert (vgl. Abb. 10.1). Hierbei sind klar umrissene und kleinere Schritte sinnvoller als zu globale Zielformulierungen: statt beispielsweise aufzuschreiben: »Ich übe weiter die Anwendung von Sprachfördertechniken« ist es sinnvoller zu formulieren: »Ich achte darauf, Kinderäußerungen aufzugreifen und zu erweitern«. Das ausgefüllte Formular wird kopiert, die Pädagogin und die Expertin erhalten jeweils ein Exemplar; dies dient als Grundlage für das nächste Coaching.

Auswertungsbogen und Vereinbarung zum Coaching am: _____

Name: _____ Einrichtung: _____

1. Eigene Einschätzung der beobachteten Situation hinsichtlich des selbst gesteckten Ziels

Stärken	Ziele/Vorhaben

2. Rückmeldung durch die Coacherin:

Stärken	nächste Schritte

3. Planung der nächsten Schritte: Vorsätze und Pläne

Datum: Unterschriften:

Abb. 10.1: Coaching-Auswertungsbogen (vgl. Download-Bereich 10 – Coaching-Auswertungsbogen)

10.3 Thematische Schwerpunkte des Coachings

Der Arbeitsauftrag oder das Thema, das einem Coaching-Termin zugrunde liegt, entsteht aus den Fortbildungen: Das, was dort gelernt und geübt wurde, soll in der Praxis angewendet und optimiert werden.

Ein thematischer Schwerpunkt kann die Erfassung des Sprachstandes einzelner Kinder sein. Dazu erhebt die Pädagogin im Vorfeld eine Sprachprobe von einem Kind und analysiert diese, wie sie es in der Fortbildung zur Diagnostik gelernt und geübt hat. Im Coaching konzentriert sich die Pädagogin auf dieses Kind. Gemeinsam wird dann reflektiert, inwieweit die Analyse des Sprachstandes des Kindes zutrifft bzw. in welche Richtung sie noch ausdifferenziert werden kann. Anschließend wird darüber gesprochen, welche Fördermaßnahme für dieses Kind angemessen ist und inwieweit die Pädagogin diese in der beobachteten Situation eingesetzt hat bzw. wie sie diese fortan einsetzen könnte.

Nach der Fortbildung zur Sprachförderplanung bietet es sich an, im Coaching den Sprachförderplan, den die Pädagogin oder das Team für ein oder mehrere Kinder erstellt haben, zum Thema zu machen. So kann die Coachin darauf achten, inwieweit die vorgenommenen Fördermaßnahmen ausgeführt werden, ob sie angemessen sind und wie sie – sofern notwendig – verbessert werden können. Darüber kann dann in der Beratung diskutiert und gegebenenfalls der Förderplan angepasst werden.

Ein anderer thematischer Schwerpunkt kann auf den sprachfördernden Aktivitäten der Pädagogin selbst liegen, die sie verbessern möchte. So kann sie sich als Ziel setzen, eine bestimmte Sprachfördertechnik, wie beispielsweise das Stellen offener Fragen oder das positive korrektive Feedback, in der beobachteten Zeit anzuwenden. In einem weiteren Schritt, wenn die Verwendung der verschiedenen Sprachfördertechniken zufriedenstellend gelingt, kann der Schwerpunkt im Coaching auf die passgenaue Anwendung gelegt werden: Wird mit der Verwendung der verschiedenen Sprachfördertechniken das jeweilige Kind angemessen gefördert?

Es ist von den Zielen der einzelnen Pädagog/in abhängig, ob ein bestimmter thematischer Schwerpunkt über zwei (oder mehrere) Coaching-Termine bestehen bleibt oder ob zu jedem Termin ein anderer Schwerpunkt gelegt wird. Ziel ist es, dass die jeweilige Pädagogin sicherer in der Anwendung bestimmter Sprachfördermaßnahmen oder Sprachfördertechniken wird.

10.4 Zeitlicher und organisatorischer Rahmen

Damit sich das sprachliche Handeln der Erzieherin bzw. Lehrkraft positiv verändern bzw. verbessern kann, sind mehrere solcher Reflexionsgespräche, also Coaching-Termine nötig. In Fellbach waren pro Pädagogin drei Coaching-Termine vorgesehen, die über das Kindergarten- bzw. Schuljahr verteilt stattfanden und jeweils zwischen zwei Fortbildungsnachmittagen lagen. Weniger Termine reichen vermutlich nicht aus, mehr Termine sind dagegen durchaus wünschenswert, wenn es die zur Verfügung stehenden Ressourcen zulassen (dies wurde z. B. auch von den Pädagoginnen im Projekt gewünscht). Die Durchführung des Coachings ist durchaus ressourcenintensiv, denn jede Pädagogin wird über einen Zeitraum von etwa 30 Minuten beobachtet – in der Regel am Vormittag, anschließend sind noch einmal ca. eine Stunde für die Vorbereitung und Durchführung des Beratungsgesprächs anzusetzen. Das Beratungsgespräch findet am besten an demselben oder einen Tag später statt, etwa am Nachmittag oder in der Mittagspause.

Das Beratungsgespräch kann einzeln, aber auch im Team durchgeführt werden. Letzteres hat den Vorteil, dass die Kolleginnen voneinander erfahren, die Stärken und Schwächen untereinander bekannt werden und sie sich gegenseitig ebenfalls beobachten und beraten können. Wird die Aufgabe, gute sprachförderliche Arbeit mit den Kindern durchzuführen, im Team immer wieder thematisiert, wirkt es sich als gemeinsames Ziel positiv auf den Alltag aus. Das Team bekommt auf diese Weise auch ein Vorbild, wie die Beobachtung und Nachbesprechung durchgeführt werden kann, sodass sie sich gegenseitig auch coachen können.

Wir hatten geplant, dass wir die Besprechungen nach den Beobachtungen sogar in gemischten Teams gemeinsam mit Erzieherinnen und Lehrerinnen durchführen, damit sie sich gegenseitig, ihre jeweilige Arbeit mit den Kindern und die Einbettung der Sprachförderung in den Institutionenalltag noch besser kennen lernen. Das ließ sich aber aus organisatorischen Gründen leider nicht durchführen.

10.5 Atmosphäre und Gesprächsklima

Zum Coaching gibt es zahlreiche Definitionen und Vorstellungen (Cox/Bachkirova/Clutterbuck 2014). Wir haben es in unserem Fall als eine Gesprächsform zwischen Beratung und Supervision angesiedelt. Für ein solches Setting sind zwei Dinge grundlegend: 1. Die Pädagogin wird nicht gegen ihren Willen gecoacht, und 2. sind die Bedürfnisse, Ideen und Ziele der Pädagogin entscheidend, die Coachin drängt ihr nicht ihre Vorstellungen auf. Hierzu gehört z. B. , dass die Pädagogin immer auch (als erstes) zu Wort kommt, sich selbst einschätzt, und nicht von der Coachin bewertet wird. Das ist notwendig, denn die Pädagogin soll in der Lage sein, ihr sprachförderliches Handeln zu optimieren. Dazu muss sie zur Akteurin werden können.

Eine solche intensive Beobachtung und Beratung ist nur möglich und erfolgreich, wenn zwischen den Beteiligten eine vertrauensvolle und respektvolle Atmosphäre herrscht. Beide, die Pädagogin wie die Coachin, müssen sich gegenseitig in ihrer professionellen Arbeit wertschätzen. Wenn eine der anderen keine professionelle Kompetenz zugesteht, ist der Beratungsprozess in den meisten Fällen zum Scheitern verurteilt (Schnebel 2007). Das macht die Auswahl geeigneter Expert/innen nicht einfach, denn sie müssen einerseits über die notwendige fachliche Expertise verfügen, andererseits aber möglichst nicht gleichzeitig eine Aufsichtsfunktion ausüben. Im Kindergarten können dies in der Regel Fachberaterinnen übernehmen, im Schulbereich ist es schwieriger, weil Fachpersonal aus der Schulaufsicht dafür eher weniger infrage kommt. Am günstigsten ist es, wenn das Coaching von den Fortbildner/innen durchgeführt werden kann.

Literatur

Adler, Y. (2011): Kinder lernen Sprache(n). Alltagsorientierte Sprachförderung in der Kindertagesstätte. Stuttgart: Kohlhammer.
Ahrenholz, B. (2008): Erstsprache – Zweitsprache – Fremdsprache. In: Ahrenholz, B./Oomen-Welke, I. (Hrsg.): Deutsch als Zweitsprache. Deutschunterricht in Theorie und Praxis. Band 9. Baltmannsweiler: Schneider, S. 2–15.
Andresen, H. (2011): Erzählen und Rollenspiel von Kindern zwischen drei und sechs Jahren. WiFF-Expertisen. Band 10. München: Deutsches Jugendinstitut.
Apelthauer, E. (2006): Kooperation mit zugewanderten Eltern. Flensburger Papiere zur Mehrsprachigkeit und Kulturenvielfalt im Unterricht. Flensburg: Universität Flensburg.
Becker, B./Biedinger, N. (2006): Ethnische Bildungsungleichheit zu Schulbeginn. In: Kölner Zeitschrift für Soziologie und Sozialpsychologie 58, S. 660–684.
Berger, R./Holler-Zittlau, I./Dux, W. (2004): Untersuchungen zum Sprachstand vierjähriger Vorschulkinder. Vortrag gehalten auf der 21. Jahrestagung der DGPP. www.egms.de/static/de/meetings/dgpp2004/04dgpp68.shtml (Abruf 26.08.2013).
Berufsbildungswerk Leipzig für Hör- und Sprachgeschädigte gGmbH (2011): Abschlussbericht. Landesmodellprojekt »Sprache fördern«. http://www.bbw-leipzig.de/fileadmin/sprache_foerdern/Abschlussbericht/Abschlussbericht_e-book.pdf (Abruf 05.09.2013).
Best, P./Laier, M./Jampert, K./Sens, A./Leuckefeld, K. (2011): Dialoge mit Kindern führen. Die Sprache der Kinder im dritten Lebensjahr beobachten, entdecken und anregen. Weimar: verlag das netz.
Blickenstorfer, R. (2009): Strategien der Zusammenarbeit. In: Fürstenau, S./Gomolla, M. (Hrsg.): Migration und schulischer Wandel: Elternbeteiligung. Wiesbaden: Verlag für Sozialwissenschaften, S. 69–87.
Brandau, H./Fischer, C./Pretis, M. (2010): Professionelle Arbeit mit Eltern. Arbeitsbuch III: Settings und Brennpunkte. Innsbruck: StudienVerlag.
Breitkopf, T. (2009): Bedeutung der Elternbildung im Hinblick auf sprachliche Förderung im Elternhaus. In: Ministerium für Generationen, Familie, Frauen und Integration des Landes Nordrhein-Westfalen (Hrsg.): Kinder bilden Sprache – Sprache bildet Kinder. Sprachentwicklung und Sprachförderung in Kindertagesstätten. Münster: Waxmann, S. 149–162.
Briedigkeit, E. (^{2}2011): Institutionelle Überformung sprachlicher Herkunftsmuster. Realisation von Fragetypen im Erzieherin-Kind(er)-Diskurs. In: Empirische Pädagogik 25, H. 4, S. 499–517.
Bruner, J. (2002): Wie das Kind sprechen lernt. Bern: Huber.
Brunner, M./Schöler, H. (^{2}2008): HASE. Heidelberger Auditives Screening in der Einschulungsuntersuchung. Wertingen: Westra.
Burmeister, P./Piske, T./Rohde, A. (Hrsg.) (2002): An Integrated View of Language Development. Papers in Honor of Henning Wode. Trier: Wissenschaftlicher Verlag.
Chomsky, N. (1965): Aspects of the Theory of Syntax. Cambridge: MIT Press.
Chomsky, N. (1968): Language and Mind. New York: Harcourt, Brace & World.
Cox, E./Bachkirova, T./Clutterbuck, D. (^{2}2014): The Complete Handbook of Coaching. London: Sage.
Cummins, J. (1979): Linguistic Interdependence and the Educational Development of Bilingual Children. In: Review of Educational Research 49, H. 79, S. 222–251.

Cummins, J. (1980): The Construct of Language Proficiency in Bilingual Education. In: Alatis, J. E. (Hrsg.): Current Issues in Bilingual Education. Washington: Georgetown University Press, S. 8–103.

Dannenbauer, F. M. (1997): Mentales Lexikon und Wortfindungsprobleme bei Kindern. In: Die Sprachheilarbeit 42, H. 1, S. 4–21.

Dannenbauer, F. M. (^{5}2002): Grammatik. In: Baumgärtner, S./Füssenich, I. (Hrsg.): Sprachtherapie mit Kindern. München: UTB, S. 105–161.

Dannenbauer, F. M. (1983): Der Entwicklungsdysgrammatismus als spezifische Ausprägungsform der Entwicklungsdysphasie. Historische, sprachheilkundliche und sprachpsychologische Perspektiven. Birkach: Ladewig-Verlag.

Dehn, M./Oomen-Welke, I./Osburg, C. (2011): Kinder & Sprache(n). Was Erwachsene wissen sollten. Seelze: Friedrich Verlag.

Deutsches Jugendinstitut (2011): Frühe Bildung – Bedeutung und Aufgaben der pädagogischen Fachkraft: Grundlagen für die kompetenzorientierte Weiterbildung. WiFF-Wegweiser Weiterbildung 4. München: Deutsches Jugendinstitut.

Dubowy, M./Ebert, S./von Maurice, J./Weinert, S. (2008): Sprachlich-kognitive Kompetenzen beim Eintritt in den Kindergarten. In: Zeitschrift für Entwicklungspsychologie und Pädagogische Psychologie 40, H. 3, S. 124–134.

Esser, G./Wyschkon, A. (2010): P-ITPA. Potsdam-Illinois Test für Psycholinguistische Fähigkeiten. Göttingen: Hogrefe.

Fried, L. (2004): Expertise zu Sprachstandserhebungen für Kindergartenkinder und Schulanfänger. Eine kritische Betrachtung. http://www.dji.de/fileadmin/user_upload/bibs/271_2232_Expertise-Fried.pdf (Abruf: 06.05.2014).

Fried, L. (2008): Professionalisierung von Erzieherinnen am Beispiel der Sprachförderkompetenz. Forschungsansätze und erste Ergebnisse. In: von Balluseck, H. (Hrsg.): Professionalisierung der Frühpädagogik. Opladen: Budrich, S. 266–277.

Fried, L. (2010): Wie steht es um die Sprachförderkompetenz von deutschen Kindergartenerzieherinnen? Ausgewählte Ergebnisse einer empirischen Studie. In: Fischer, H. J./Gansen, P./Michalik, K. (Hrsg.): Sachunterricht und frühe Bildung. Forschungen zur Didaktik des Sachunterrichts. Band 9. Bad Heilbrunn: Klinkhardt, S. 205–218.

Fried, L./Briedigkeit, E. (2008): Sprachförderkompetenz: Selbst- und Teamqualifizierung für Erzieherinnen, Fachberatungen und Ausbilder. Berlin: Cornelsen Scriptor.

Fröhlich-Gildhoff, K./Nentwig-Gesemann, I./Pietsch, S. (2011): Kompetenzorientierung in der Qualifizierung frühpädagogischer Fachkräfte. WiFF-Expertisen. Band 19. München: Deutsches Jugendinstitut.

Füssenich, I. (^{5}2002): Semantik. In: Baumgartner, S./Füssenich, I. (Hrsg.): Sprachtherapie mit Kindern. München: Reinhardt, S. 63–104.

Gasteiger-Klicpera, B./Knapp, W./Kucharz, D. (2010): Abschlussbericht der Wissenschaftlichen Begleitung des Programms »Sag' mal was – Sprachförderung für Vorschulkinder«. http://www.sag-malwas-bw.de/media/WiBe%201/pdf/PH-Weingarten_Abschlussbericht_2010.pdf (Abruf:05.09.2013).

Gogolin, I./Lange, I. (2011): Bildungssprache und Durchgängige Sprachbildung. In: Fürstenau, S./Gomolla, M. (Hrsg.): Migration und schulischer Wandel. Mehrsprachigkeit. Wiesbaden: Verlag für Sozialwissenschaften, S. 107–127.

Gomolla, M. (2009). Elternbeteiligung in der Schule. In: Fürstenau, S./Gomolla, M. (Hrsg.): Migration und schulischer Wandel. Elternbeteiligung. Wiesbaden: Verlag für Sozialwissenschaften, S. 21–49.

Gretsch, P./Fröhlich-Gildhoff, K. (2012): Evaluation der Sprachfördermaßnahmen für 3–5jährige Kinder in der Stadt Freiburg. In: Fröhlich-Gildhoff, K./Nentwig-Gesemann, I./Wedekind, H.

(Hrsg.): Forschung in der Frühpädagogik V. Schwerpunkt: Naturwissenschaftliche Bildung. Freiburg: FEL, S. 275–304.

Griebel, W./Niesel, R. (2011): Übergänge verstehen und begleiten. Transitionen in der Bildungslaufbahn von Kindern. Berlin: Cornelsen Scriptor.

Grießhaber, W. (2005): Sprachstandsdiagnose im kindlichen Zweitspracherwerb. Funktional-pragmatische Fundierung der Profilanalyse. spzwww.uni-muenster.de/~griesha/pub/tprofilanalyse-azm-05.pdf (Abruf: 15.01.2014).

Grimm, H. (2001): SETK 3-5. Sprachentwicklungstest für drei- bis fünfjährige Kinder. Göttingen: Hogrefe.

Grimm, H./Doil, H. (2000): ELFRA – Elternfragebögen für die Früherkennung von Risikokindern. Göttingen: Hogrefe.

Gyger, M. (2003): Jugendliche Migrantinnen und Migranten zwischen Mundart und Standardsprache: Mischphänomene in der schriftlichen Sprachproduktion. In: Häcki Buhofer, A. (Hrsg.): Spracherwerb und Lebensalter. Tübingen: Francke, S. 243–254.

Hacker, D. (2002): Phonologie. In: Baumgartner, S./Füssenich, I. (Hrsg.): Sprachtherapie mit Kindern. Grundlagen und Verfahren. Stuttgart: UTB, S. 13–62.

Hawighorst, B. (2009). Perspektiven von Einwandererfamilien. In: Fürstenau, S./Gomolla, M. (Hrsg.): Migration und schulischer Wandel: Elternbeteiligung. Wiesbaden: Verlag für Sozialwissenschaften, S. 50–67.

Heger, S. (2013): Einführung in die vorschulische Sprachförderung für Kinder nicht-deutschsprachiger Herkunft. München: GRIN.

Hellrung, U. (2012): Sprachentwicklung und Sprachförderung: Beobachten, verstehen, handeln. Fachwissen KITA. Freiburg: Herder.

Helmke, A. (^{2}2004): Unterrichtsqualität erfassen, bewerten, verbessern. Seelze: Kallmeyer.

Holler, D. (^{2}2007): Bedeutung sprachlicher Fähigkeiten für Bildungserfolge. In: Jampert, K./Best, P./Guadatiello, A./Holler, D./Zehnbauer A. (Hrsg.): Schlüsselkompetenz Sprache. Sprachliche Bildung und Förderung im Kindergarten. Weimar: verlag das netz, S. 24–28.

Horstkemper, M. (2006): Fördern heißt diagnostizieren. Pädagogische Diagnostik als wichtige Voraussetzung für individuellen Lernerfolg. In: Becker, G./Lenzen, K./Stäudel, L./Tillmann, K.-J./Werning, R./Winter, F. (Hrsg.): Diagnostizieren und Fördern: Stärken entdecken – Können entwickeln. Friedrich Jahresheft XXIV. Seelze: Friedrich-Verlag, S. 4–7.

Jampert, K./Thanner, V./Schattel, D./Sens, A./Zehnbauer, A./Best, P./Laier, M. (Hrsg.) (2011): Die Sprache der Jüngsten entdecken und begleiten. Schritt für Schritt in die Sprache hinein. Weimar: verlag das netz.

Jampert, K./Zehnbauer, A./Best, P./Sens, A./Leuckefeld, K./Laier, M. (Hrsg.) (2009): Kinder-Sprache stärken! Sprachliche Förderung in der Kita. Das Praxismaterial. Weimar: verlag das netz.

Kammermeyer, G./Roux, S. (2013): Sprachbildung und Sprachförderung. In: Stamm, M./Edelmann, D. (Hrsg.): Handbuch Frühkindliche Bildungsforschung. Wiesbaden: Verlag für Sozialwissenschaften, S. 515–528.

Kammermeyer, G./Roux, S./Stuck, A. (2011): Additive Sprachförderung in Kindertagesstätten. Welche Sprachfördergruppen sind erfolgreich? In: Empirische Pädagogik 25, H. 4, S. 439–461.

Kannengieser, S. (^{2}2012): Sprachentwicklungsstörungen. Grundlagen, Diagnostik und Therapie. München: Elsevier.

Kany, W. & Schöler, H. (^{2}2010): Fokus: Sprachdiagnostik. Leitfaden zur Sprachstanderhebung im Kindergarten. Berlin: Cornelsen Scriptor.

Kappeler Suter, S./Kannengieser, S. (2011): Förderung in Deutsch vor der Einschulung (FiDe) – Diagnosekompetenzen im Rahmen integrierter Sprachförderung. In: Fachhochschule Nordwestschweiz (Hrsg.): Unterrichtsqualität und Unterrichtsentwicklung. Forschungsbericht 2010/2011. Basel: Steudler Press, S. 11–13.

Kemp, R./Bredel, U./Reich, H. (2008). Morphologisch-syntaktische Basisqualifikation. In: Ehlich, K./ Bredel, U./Reich, H. (Hrsg.), Referenzrahmen zur alterspezifischen Sprachaneignung. Bonn und Berlin: Bundesministerium für Bildung und Forschung (BMBF), S. 63–82.

King, S./Metz, A./Kammermeyer, G./Roux, S. (2011): Ein sprachbezogenes Fortbildungskonzept für Erzieherinnen auf Basis situierter Lernbedingungen. In: Empirische Pädagogik 25, H. 4, S. 481–498.

Kiziak, T./Kreuter, V./Klingholz, R. (2012): Dem Nachwuchs eine Sprache geben. Discussion Paper 6. Berlin: Berlin-Institut für Bevölkerung und Entwicklung.

Klatt, G. (^{2}2006): Elleressemenne – Deutsch reden. Ein Sprachprogramm für eine systematische Vermittlung der deutschen Sprache in Kindergarten, Vorschule und Schule. Band 1. Berlin: DerDieDas.

Klein, W. (^{2}1992): Zweitspracherwerb. Eine Einführung. Königstein: Athenäum.

Knapp, W. (1999): Verdeckte Sprachschwierigkeiten. In: Grundschule 5, S. 30–34.

Knapp, W., Löffler, C./Osburg, C./Singer, K. (Hrsg.) (2011): Sprechen, schreiben und verstehen. Sprachförderung in der Primarstufe. Seelze: Klett.

Knapp, W./Kucharz, D./Gasteiger-Klicpera, B. (2010): Sprache fördern im Kindergarten. Weinheim und Basel: Beltz.

Kolonko, B. (1998): »Wie heißt des noch mal?« – Wortfindungsstörungen bei Kindern. L.O.G.O.S. Interdisziplinär 6, H. 4, S. 252–263.

Kretschmann, R. (2008): Individuelles Fördern. Von der Förderdiagnose zum Förderplan. In: Schulmagazin 5 bis 10 4, S. 5–8.

Kucharz, D. (2011): Sprachförderung im Unterrichtsalltag. Lernumgebungen sprachanregend gestalten. Mit Material. Die Grundschulzeitschrift 25, H. 242/243, S. 32–35.

Kucharz, D. (2012a): Sprachförderung im Übergang. Durchgängiges Konzept für Kindergarten und Grundschule. In: Pohlmann-Rother,S./Franz, U. (Hrsg.): Kooperation von KiTa und Grundschule. Köln: Wolters-Kluwer, S. 278–290.

Kucharz, D. (2012b): Sprachliche Bildung. In: Kucharz, D. (Hrsg.): Elementarbildung. Bachelor/Master. Weinheim und Basel: Beltz, S. 21–46.

Kucharz, D./Mackowiak, K. (2010): Konzeption einer Sprachförderung für die Stadt Fellbach. Unveröffentlicht.

Kucharz, D./Mackowiak, K. (2011): Sprachförderung in Kindergarten und Grundschule. Grundschulzeitschrift 25, H. 242/243, S. 42/43.

Kühn, S. (2010): Eltern in die Sprachförderung einbeziehen. Gerne! – Aber wie? In: Theorie und Praxis der Sozialpädagogik 7, S. 12–15.

Kultusministerkonferenz (KMK) (2001): Pressemitteilung zur 296. Plenarsitzung der Kultusministerkonferenz am 05./06. Dezember 2001 in Bonn. www.kmk.org/presse-und-aktuelles/pm2000/pm2001/296-plenarsitzung.html (Abruf: 21.07.2013).

Landert, K. (2007): Hochdeutsch im Kindergarten? Eine empirische Studie zum frühen Hochdeutscherwerb in der Deutschschweiz. Bern: Peter Lang.

Lanig, J./Marks, T./Sponheuer, C. (2013): Elternarbeit. Den Dialog mit den Eltern konstruktiv gestalten. Berlin: Raabe.

Lipowksy, F./Rzejak, D. (2012): Wie wirkt Fortbildung? Merkmale und Wirkungen erfolgreicher Lehrerfortbildung. In: Zeitschrift der GEW Hessen für Erziehung, Bildung und Forschung 65, H. 11, S. 16/17.

Lipowsky, F. (2004): Was macht Fortbildungen für Lehrkräfte erfolgreich? Befunde der Forschung und mögliche Konsequenzen. In: Die Deutsche Schule 96, H. 4, S. 462–479.

Lisker, A. (2011): Additive Maßnahmen zur vorschulischen Sprachförderung in den Bundesländern. Expertise im Auftrag des Deutschen Jugendinstituts. München: DJI.

List, G. (2010): Frühpädagogik als Sprachförderung: Qualitätsanforderungen an die Aus- und Weiterbildung der Fachkräfte. WiFF-Expertise 2. München: DJI.

Löffler, C. (2003): Welche Bedeutung hat der Dialekt in der Alphabetisierung? In: Alfa-Forum 17, H. 53, S. 13–16.

Löffler, C. (2011): Grammatische Strukturen erwerben und anwenden. In: Knapp, W./Löffler, C./Osburg, C./Singer, K.: Sprechen, schreiben und verstehen. Sprachförderung in der Primarstufe. Seelze: Kallmeyer, S. 93–129.

Lohaus, A./Vierhaus, M. (^{2}2013): Entwicklungspsychologie. Berlin: Springer.

Mackowiak, K./Löffler, C. (2010): Oskar Handbuch Vorschule. Stuttgart: Klett.

Mannhaupt, G./Jansen, H. (1989): Phonologische Bewusstheit. Aufgabenentwicklung und Leistungen im Vorschulalter. In: Heilpädagogische Forschung 15, S. 50–56.

Mayr, T./Hofbauer, C./Simic, M./Ulich, M. (2012): Selsa. Sprachentwicklung und Literacy bei Kindern im Schulalter. Freiburg: Herder.

Mollenhauer, K. (1996): Über Mutmaßungen zum »Niedergang« der Allgemeinen Pädagogik – eine Glosse. In: Zeitschrift für Pädagogik 42, S. 277–258.

Motsch, H.-J. (2004). Kontextoptimierung. Förderung grammatischer Fähigkeiten in Therapie und Unterricht. München: Reinhardt.

Motsch, H.-J. (^{2}2006): Kontextoptimierung. Förderung grammatischer Fähigkeiten in Therapie und Unterricht. München: Reinhardt.

Papoušek, M. (2001): Vom ersten Schrei zum ersten Wort. Anfänge der Sprachentwicklung in der vorsprachlichen Kommunikation. Bern: Huber.

Penner, Z. (2003): Neue Wege der sprachlichen Frühförderung von Migrantenkindern. Konstanz: Maus Druck.

Peters, S. (2014): Kooperation auf Augenhöhe. Eine Partnerschaft zwischen Schule und Familie entwickeln. In: Grundschulzeitschrift 271, S. 4–8.

Piaget, J. (1982): Sprechen und Denken des Kindes. Düsseldorf: Pädagogischer Verlag Schwamm.

Pianta, R. C./Cox, M. J./Snow, K. (2007): School Readiness and the Transition to Kindergarten in the Era of Accountability. Baltimore: Brookes Publishing Co.

Pianta, R. C./Howes, C. (Hrsg.) (2011): Investigating the Classroom Experiences of Young Dual Language Learners. NCRECE Series. Band 3. Baltimore: Brookes Publishing Co.

Rank, A./Gebauer, S./Fölling-Albers, M./Hartinger, A. (2011): Vom Wissen zum Handeln in Diagnose und Förderung. Bedingungen des erfolgreichen Transfers einer situierten Lehrerfortbildung in die Praxis. In: Zeitschrift für Grundschulforschung 4, H. 2, S. 70–82.

Redder, A./Becker-Mrotzek, M./Ehlich, K./Fickermann, D./Forschner, S./Hasselhorn, M./Krüger-Potratz, M./Schwippert, K./Stanat, P. (2010a): ZUSE-Diskussionspapier 2: Inhaltliche und organisatorische Erläuterungen zu einem Forschungsprogramm »Sprachdiagnostik und Sprachförderung«. Hamburg: ZUSE.

Redder, A./Schwippert, K./Hasselhorn, M./Forschner, S./Fickermann, D./Ehlich, K. (2010b): ZUSE-Diskussionspapier 1: Grundzüge eines nationalen Bildungsprogramms zu »Sprachdiagnostik und Sprachförderung«. Hamburg: ZUSE.

Redder, A./Schwippert, K./Hasselhorn, M./Forschner, S./Fickermann, D./Ehlich, K. (2011): ZUSE-Bericht Band 2. Bilanz und Konzeptualisierung von strukturierter Forschung zu »Sprachdiagnostik und Sprachförderung«. Hamburg: ZUSE.

Ricart Brede, J. (2011): Videobasierte Qualitätsanalyse vorschulischer Sprachfördersituationen. Freiburg: Fillibach.

Robbe, I. (2009): Interkulturelle Elternarbeit in der Grundschule. Schriftenreihe des Interdisziplinären Zentrums für Bildung und Kommunikation in Migrationsprozessen an der Universität Oldenburg. Oldenburg: BIS-Verlag.

Roos, J./Polotzek, S./Schöler, H. (2010): EVAS Evaluationsstudie zur Sprachförderung von Vorschulkindern. Abschlussbericht der Wissenschaftlichen Begleitung der Sprachfördermaßnahmen im Programm »Sag' mal was – Sprachförderung für Vorschulkinder«. Unmittelbare und längerfristige Wirkungen von Sprachförderungen in Mannheim und Heidelberg. www.sagmalwas-bw.de/media/WiBe%201/pdf/EVAS_Abschlussbericht_Januar2010.pdf (Abruf: 05.09.2013).

Rothweiler, M. (2001): Wortschatz und Störungen des lexikalischen Erwerbs bei spezifisch sprachentwicklungsgestörten Kindern. Heidelberg: Winter.

Roux, S./Kammermeyer, G. (2011): Editorial. In: Empirische Pädagogik 25, H. 4, S. 283–285.

Ruberg, T./Rothweiler, M. (2012): Spracherwerb und Sprachförderung in der KiTa. Stuttgart: Kohlhammer.

Sachse, S./Jooss, B./Simon, S./Buschmann, A. (2011): Wie gelingt es, Sprache in der Kita effektiv zu fördern? In: KiTa BY 4, S. 98–100.

Schnebel, S. (2007): Professionell beraten. Beratungskompetenz in der Schule. Weinheim und Basel: Beltz.

Schneider, H.-J./Becker-Mrotzek, M./Sturm, A./Jambor-Fahlen, S./Neugebauer, U./Efing, C./Kernen, N. (2013): Expertise »Wirksamkeit von Sprachförderung«. www.mercator-institut-sprachfoerderung.de/fileadmin/user_upload/Institut_Sprachfoerderung/Expertise_Sprachfoerderung_Web_final.pdf (Abruf: 22.04.2014).

Schneider, W./Baumert, J./Becker-Mrotzek, M./Hasselhorn, M./Kammermeyer, G./Rauschenbach, T./Roßbach, H.-G./Roth, H.-J./Rothweiler, M./Stanat, P. (2012): Expertise »Bildung durch Sprache und Schrift (BiSS)«: Bund-Länder-Initiative zur Sprachförderung, Sprachdiagnostik und Leseförderung. www.bmbf.de/pubRD/BISS_Expertise.pdf (Abruf: 05.09.2013).

Schöler, H./Brunner, M. (^{2}2008): HASE. Heidelberger Auditives Screening in der Einschulungsuntersuchung. Wertingen: Westra.

Schrey-Dern, D. (2006): Sprachentwicklungsstörungen. Logopädische Diagnostik und Therapieplanung. Forum Logopädie. Stuttgart: Thieme.

Simon, S./Sachse, S. (2011): Verbessert ein Interaktionstraining das sprachförderliche Verhalten von Erzieherinnen? In: Empirische Pädagogik 25, H. 4, S. 462–480.

Singer, K. (2010). Aussprache: Laute sprechen und gebrauchen. In: Knapp, W./Löffler, C./Osburg, C./Singer, K.: Sprechen, schreiben und verstehen. Sprachförderung in der Primarstufe. Stuttgart: Klett-Kallmeyer, S. 130–179.

Skinner, B. F. (1957): Verbal Behavior. Englewood Cliffs: Prentice-Hall.

Staatsinstitut für Schulqualität und Bildungsforschung (2008): Pädagogisch diagnostizieren im Schulalltag. München: Staatsinstitut für Schulqualität und Bildungsforschung.

Sticca, F./Saiger, D./Perren, S. (2013): Durchgängige Sprachförderung im Alter von 0 bis 6 Jahren. Massnahmen zur Optimierung der Wirksamkeit und Koordinierung der Sprachförderung aus Sicht von Fachpersonen aus dem Frühbereich. Schlussbericht. http://www.sprachenunterricht.ch/sites/default/files/Schlussbricht%20Durchg%C3%A4ngige%20Sprachf%C3%B6rderung.pdf (Abruf: 16.01.2014).

Szagun, G. (^{3}2010): Sprachentwicklung beim Kind: Ein Lehrbuch. Weinheim und Basel: Beltz.

Textor, M. (2014): Kindertagesbetreuung. www.kindertagesbetreuung.de/elternbeteiligung.html (Abruf 02.04.2014).

Tietze, W./Viernickel, S. (Hrsg.) (2002): Pädagogische Qualität in Tageseinrichtungen für Kinder. Ein nationaler Kriterienkatalog. Weinheim und Basel: Beltz.

Tracy, R. (^{2}2008): Wie Kinder Sprachen lernen. Und wie wir sie dabei unterstützen können. Tübingen: Francke.

Tracy, R./Ludwig, C./Ofner, D. (2010): Sprachliche Kompetenzen pädagogischer Fachkräfte – Versuch einer Annäherung an ein schwer fassbares Konstrukt. In: Rost-Roth, M. (Hrsg.): DaZ. Spracherwerb und Sprachförderung Deutsch als Zweitsprache. Beiträge aus dem 5. Workshop Kinder mit Migrationshintergrund. Freiburg: Fillibach, S. 183–204.

Ulich, M./Mayr, T. (2003): Sismik. Sprachverhalten und Interesse an Sprache bei Migrantenkindern in Kindertageseinrichtungen. Freiburg: Herder.

Ulich, M./Mayr, T. (2006): Seldak. Sprachentwicklung und Literacy bei deutschsprachig aufwachsenden Kindern. Freiburg: Herder.

Vygotsky, L. S. (1987): Ausgewählte Schriften. Köln: Pahl-Rugenstein.

Wahl, D. (1991): Handeln unter Druck. Der lange Weg vom Wissen zum Handeln bei Lehrern, Hochschullehrern und Erwachsenenbildnern. Weinheim und Basel: Beltz.

Wahl, D. (2002): Mit Training vom trägen Wissen zum kompetenten Handeln? In: Zeitschrift für Pädagogik 48, H. 2, S. 227–241.

Wahl, D./Weinert, F. E./Huber, G. L. (2006): Psychologie für die Schulpraxis. Osnabrück: Sozio-Publishing.

Weinert, S. (2007): Wie Sprache das Wissen und Denken beeinflusst. In: Bucher A./Kalcher, A. M./Lauermann, K. (Hrsg.): Sprache leben. Kommunizieren & Verstehen. Wien: G & G Verlagsgesellschaft, S. 23–49.

Weinert, S./Grimm, H. (2012): Sprachentwicklung. In: Schneider, W./Lindenberger, U. (Hrsg.): Entwicklungspsychologie. Göttingen: Hogrefe, S. 433–456.

Weinert, S./Lockl, K. (2008): Sprachförderung. In: Petermann, F. (Hrsg.): Angewandte Entwicklungspsychologie. Enzyklopädie der Psychologie. Band 7. Göttingen: Hogrefe, S. 91–134.

Welling, A. (2006): Einführung in die Sprachbehindertenpädagogik. München: Reinhardt.

Wood, D./Bruner J. S./Ross, G. (1976): The Role of Tutoring in Problem Solving. In: Journal of Child Psychiatry and Psychology 17, H. 2, S. 89–100.

Zollinger, B. (1994): Spracherwerbsstörungen. Bern: Haupt.

Zollinger, B. (2010): Sprachverstehen. Entwicklungsverzögerungen erkennen. Expertise für das Projekt Weiterbildungsinitiative Frühpädagogische Fachkräfte (WiFF). Frankfurt am Main: Henrich Druck + Medien GmbH.

Überblick zum Download-Bereich

Fortbildungen		
Dateiname der Foliensätze	**Dateiname der Übungen** (mit Arbeitsblättern)	**Auflistung der Übungen** (mit Arbeitsblättern)
4 Folien Erstspracherwerb	4 Übungen Erstspracherwerb	• Übung 4.1: Auswertung Sprachprobe • Übung 4.2: Vorstellungen Spracherwerb
5 Folien Zweitspracherwerb	5 Übungen Zweitspracherwerb	• Übung 5.1: Unterschiede Erst- und Zweitspracherwerb
6 Folien Sprachdiagnostik	6 Übungen Sprachdiagnostik	• Übung 6.1: Erfahrung Beobachtungsbögen • Übung 6.2: Eigene Sprachprobe • Übung 6.3: Vor- Nachteile Sprachdiagnostik
7 Folien Sprachförderplanung	7 Übungen Sprachförderplanung	• Übung 7.3: Erstellen eines Sprachförderplans • Übung 7.4: Identifizierung von geeigneten Fördermöglichkeiten nach Testergebnis • Übung 7.5: Einen Sprachförderplan erstellen nach Testergebnissen • Übung 7.6: Arbeit mit einem Förderplan
8 Folien Sprachförderung	8 Übungen Sprachförderung	• Übung 8.1: Vergleich von Wortschatzarbeit • Übung 8.3: Modelllierungstechniken
9 Folien Zusammenarbeit	9 Übungen Zusammenarbeit	• Übung 9.1: Ziele und Inhalte Zusammenarbeit • Übung 9.2: Gestaltung Zusammenarbeit • Übung 9.3: Neue Ideen Zusammenarbeit

Coaching	
Dateiname der Bögen für Coaches	**Dateiname des Bogens für Teilnehmer/innen**
10 Coaching-Beobachtungsbogen	10 Coaching-Vorbereitung
10 Coaching-Auswertungsbogen	

Gelungene Sprachförderung von Anfang an

Werner Knapp / Diemut Kucharz /
Barbara Gasteiger-Klicpera
Sprache fördern im Kindergarten
Umsetzung wissenschaftlicher
Erkenntnisse in die Praxis
2010. 168 Seiten. Broschiert.
ISBN 978-3-407-25526-6

Dieses Kompendium bietet eine Zusammenstellung, Darstellung und (Be-)Wertung des aktuellen Forschungs- und Entwicklungsstandes unter Berücksichtigung der demografischen Entwicklung in Deutschland (als Einwanderungsland) sowie praktische Anwendungszusammenhänge (z.B.: Elternarbeit, Sprachstandsdiagnostik, Didaktik für Kindergartenkinder).

Aus dem Inhalt:
- Diagnostik bei den Kindern
- Planung und Konzeption der Förderung
- Didaktische Grundlagen zur Gestaltung der Fördersituation
- Fördermaterialien und ihre Ko zeption
- Inszenierte Sprachlernsituationen
- Arbeit mit den Eltern

BELTZ
Beltz Verlag · Weinheim und Basel · Weitere Infos: www.beltz.de

Ganzheitliche Sprachförderung

Tiere von A-Z laden die Kinder ein, mithilfe von Liedern, Reimen und Gedichten spielerisch und lustbetont die Laute zu hören, zu unterscheiden und zu sprechen. Dabei machen sie mit den anderen Kindern vielfältige Sprecherfahrungen, entwickeln Sprachgefühl und haben Freude am Sprechen.
Mit diesen fröhlich-ansprechenden Materialien können die Kinder die Grundlagen des Lesens und Schreibens entwickeln und festigen.

Gerhard Sennlaub
Zehn zahme Zebras
Im Kindergarten phonologische Bewusstheit entwickeln
2011. 139 Seiten. Broschiert.
ISBN 978-3-407-62766-7

Beltz Verlag · Weinheim und Basel · Weitere Infos und Ladenpreis: www.beltz.de

Sprachförderung im Kindergartenalltag

Dieses Buch vermittelt Ihnen Grundlagenwissen über den kindlichen Spracherwerb und beschreibt Methoden und Techniken, die die Sprachentwicklung der Kinder fördert und ihnen Lust und Freude am Sprechen vermittelt. Damit erhalten Sie zahlreiche Anregungen, wie Sie eine sprachanregende Umgebung im Kita-Alltag schaffen. Zugleich können Sie die Eltern kompetent beraten und unterstützen.

Timm Albers
Sag mal!
Krippe, Kindergarten und Familie:
Sprachförderung im Alltag
2011. 128 Seiten. Broschiert.
ISBN 978-3-407-62770-4

Beltz Verlag · Weinheim und Basel · Weitere Infos und Ladenpreis: www.beltz.de

Sprachförderung mit allen Sinnen

Dieses Sprachförderkonzept setzt auf die Fantasie und Neugierde von Kindern. Mit speziellen Fragetechniken wecken Sie die Lust des Kindes am Erzählen und entwickeln dabei gemeinsam eine Geschichte, die schließlich anhand gemalter Bilder und mit musikalischer Begleitung erzählerisch präsentiert werden kann. Die Methoden lassen sich ohne Aufwand in jedem Kindergarten umsetzen und sind auf die Individualität der Kinder ausgerichtet.

Monika Paris / Volkhard Paris
Mit Kindern Geschichten erfinden, erzählen und darstellen
Fantasievolle Sprachförderung im Kindergarten
2012. 191 Seiten. Broschiert.
ISBN 978-3-407-62807-7

Beltz Verlag · Weinheim und Basel · Weitere Infos und Ladenpreis: www.beltz.de